小馬

フィールドワーク事始め
出会い、発見し、考える経験への誘い

●目　次●

はじめに …………………………………………………………… (1)
第Ⅰ部　《解題篇》
　1．今なぜフィールドワークなのか ……………………… (3)
　2．フィールドワークとは何か …………………………… (9)
　3．フィールドワークと記述主義 ………………………… (12)
　4．様々なフィールドワークの形 ………………………… (19)
　5．「新しい公共」とフィールドワークの効用 ………… (30)
第Ⅱ部　《実践篇》
　6．「量的研究」と「質的研究」 ………………………… (37)
　7．自文化の学である民俗学に学ぶ ……………………… (39)
　8．地図を捨てて歩き、迷う ……………………………… (45)
　9．歩いてするミニ・フィールドワークの勧め ……… (51)
おわりに ………………………………………………………… (58)

御茶の水書房

はじめに

　私のこの小さな書物は、いわばフィールドワークについての「入門書の入門書」です。それゆえ、ごく控え目に『フィールドワーク事始め』をタイトルとして選びました。しかし、本当は何事も、初めてこそが何にも増して肝心。フィールドワークに興味をもち始めたばかりの方が、入門書のどれかを実際に読み始める前に、何はともあれ是非とも手に取って欲しい本なのです。
　というのも、次のような事情があります。実は、「学問の現代」とそれ以前とを鋭く切り分けている分水嶺は、「記述（中心）主義」(descriptivism)か「規範主義」(prescriptivism)かという、基本的な学問的な態度の違いです。大学生であれば、仮に自分の専門が何であるにしても、この事実を深く心に銘記して、頂門の一針として欲しいと常々願って来ました。さもなければ、大学で何を学び、何を基本的な能力として身に付けるべきかという、初学者のなすべき決定的な判断を大きく誤ってしまう危険性があると思うからです。少なくとも、このテクストによってこれから示す「フィールドワークのあるべき姿」を枠付けるものが、私のこのような事実認識であることをしっかり覚えておいて下さい。
　「記述主義」とは、どこまでも忠実に事実に即することを基盤として学問や研究を構築して行こうとする姿勢のことです。理系の学問であれば、文句なく観察と実験が最もよく「記述主義」を体現しているものだと言えます。一方、文系（人文社会系）の学問の場合は、まさしくフィールドワークこそが「記述主義」の基本的な姿勢を身につける、最も具体的で、且つ実践的な方法となります。
　ところが、この最も肝要な基本的事実を知らせて注意を喚起するこ

とからフィールドワークの意義を説き起こしているフィールドワークの入門書を、寡聞にして知りません。だからこそ、仮に小さくとも、私のこの書物には独特の存在意義があると信じます。

なお、「記述主義」とは対照的に、(仮にそれが何であるにせよ) 何らかの権威を拠り所としてその視点から対象を捉え、予め何らかの価値判断を下してから行う学問の姿勢が「規範主義」と呼ばれるものです。

ちなみに、その「規範主義」を具体的に理解して頂くために言葉の研究を例に取れば、現実のコーパス(或る言語や方言の発話とテクストの総体)のあり方よりも文法の方に権威を与える文法優越主義、また実際に今使われている生きた言葉よりも辞書に書かれている内容こそが「正しい」のだとする辞書本位主義や、さらには、例えばフランス語(京都弁)こそが世界中で一番「美しい」言語だと主張するとか、言葉の「乱れ」をことさらあげつらう類の言葉の「美しさ」・「正しさ」論議等が、それに当たります。

同様に昨今の流行りである「美しい国」云々の押し付けがましい言説等もまた、無論この「規範主義」の権威的な立場からなされるものなのです。

なお、もう少し踏み込んだ両者の対比は、後ほど(第II部《実践篇》で民俗学のフィールドワークを取り扱う第7章において)あらためて具体的に論じることにしましょう。

第Ⅰ部　解題篇

Chapter 1　今なぜフィールドワークなのか

　さて、大変嬉しいことに、フィールドワークへの関心が我が国でもここ数年とみに高まっていて、「フィールドワーク入門」を初め、フィールドワークをタイトルに冠した本が既に何冊も出ています。このような俄な活況が生じた背景には、大胆に言えば、恐らく次の二つの大きな要因があると思われます。

(1)「3.11災害」と「新しい公共」
　第一は、東日本大震災と福島第一原子力発電所メルトダウン（炉心溶融）の複合災害（以下では「3.11災害」と表記）という、人類史上例のない過酷な大災害が我々日本人にもたらした悲痛な経験で得た教訓です。
　あの破局的な状況でも誰もが規律を損うことなく冷静沈着に行動し、被災者もまた同じ境遇の人々への自然な思いやりを忘れることがなかった日本人の姿が、TV中継でありのまま遍く全世界に報道され、数多くの人々に深い感銘を与えました。大きく言えば、地球上に蔓延するテロリズムと「テロとの戦い」との果しない悪循環の中で人倫への信頼を見失いかけていた人類は、その画面を実際に目にして、人類に

対する無償の愛と信頼への希望をもう一度あらためて取り戻すことができると確信できたのだと言えるでしょう。その事実が与えてくれた深い霊感が、人々の心を打ち震わせたのです。

　しかし、その反面、日本のマスメディアのあり方は、海外からの手厳しい批判に繰り返し曝されました。マスメディアに固有の最も大切な社会機能は、権力の横暴や怠慢を絶えず監視して臆せずそれを指摘することです。ところが我が国のマスコミは、事故後もなお頑に情報を秘匿しようと腐心する日本政府や東京電力の公式発表に情報源を依然としてほぼ全面的に依存し続け、即座に現場に駆けつけるというような、果敢で徹底した取材に基づく批判力のある独自性の高い報道がほとんどできませんでした。それゆえ、何か重大な事実を察知しながらも本音を無理矢理飲み込んで黙り込んでしまったかのような居心地の悪さが、国内外の人々の心中に長く蟠る結果を生んだのです。

　「3.11災害」は、こうして現代日本の「公共」の目を瞠るばかりの健やかさと強さと同時に、致命的な弱さをも物の見事に浮き彫りにしたのです。その結果、どこかに「お上意識」が染みついていた従来の「あなた任せ」のマスメディアの報道のあり方が、あれ以来一気に陳腐化してしまいました。そして、国民一人一人が自らの手で調査し、解明した独自の根拠に基づいて進んで具体的な提案を行う、新しい「公共」のあり方を実現すべき時が今こそまさしく到来しているのだと、漸く広く自覚されるようになったのでした。

(2) グローバル化の中で求められる能力

　もう一つの背景は、グローバリズムが日々益々急速に進んでいる、昨今の紛れもない現実です。

　近年企業訪問してみると、相手の関心に即応し、且つ説得的に自己表現できる能力をもっている若者への期待感が、ひしひしと伝わってきます。語学力は、その能力を発揮するうえで仮に一助となることはあり得ても、決してその核心をなすことができるものではありません。

相手に訴えかけるべき、自分なりの明確な視点や、創発的な思考の内面からなる充溢が伴なっているのでなければ、語学力に頼って伝えるべきことも、また生き生きとした実感をもって説得的に相手に訴えかけるべきことも、何も一切あり得ないからです。

　グローバル化とは、自分たちの文化の内側でしか通用しない「高文脈な」（つまり、以心伝心を旨として、明確な言質を求めも与えもしない）環境条件を乗り超えて、何時何処でも誰とでも対等に通じ合える「低文脈な」環境条件を前提とした理解を志向する不断の実践、ならびにその結果としてもたらされる開放的な状況のことです。

　その営みを達成しつつその最中(さなか)で生き抜いて行くには、自分本位や自文化本位に開き直ることなく、自らの文化に固有な何らかの特性をしっかり自確しつつ普遍的な文脈に置き直してみせる「翻訳」ができなければなりません。つまり、ここで言う「翻訳」とは、自分自身の文化を相手の文化の論理に違和感なく滑らかに適合させる作業である、「文化の翻訳」を意味しているわけです。

　ここで一つ、分かりやすい例を挙げてみましょう。外国（特に欧米）の人々がしばしば口にする日本人の「おもてなし」に対する疑問の一つに、「つまらない物」を贈るとか、「何もないのですが沢山召し上がれ」という会話表現が非論理的でどうにも解し難い、というものがあります。恐らく一度は誰も、それを耳にしたことがあるでしょう。あなたなら、この疑念に対して一体どう説得的に立ち向かえますか。仮にどんなに語学力があっても、日本文化と日本語の論理に関して強く自覚的で、且つ深い洞察力をもっていない限り、異文化からのこの厄介な「言いがかり」には全く歯が立たず、有効な反論や弁明ができないに違いありません。

　事の要点は、欧米の人々（の多く）が相手から贈られる物の（物質的・経済的な）価値自体をまず第一の評価対象としているのに対して、日本人は状況に相応しい相手の心遣いの深さや、それのみならず、その表現の仕方の奥ゆかしさの方を物の経済的価値以上に高く評価する

傾向が強いという、価値意識や評価態度の大きな文化差にあります。

「文化の翻訳」がきちんとできるためには、このように物事の核心的な意味を端的に摘出し、且つその独特の本質を大きく損なうことなく普遍的な論理の文脈に置き直す力が、どうしても不可欠なのです。そのような力を養うための確かな土台となるものが、一人一人が自分を起点として対象と直に、且つ独自に向き合うことで身に付けることができる「記述主義」的な知なのだと、私は確信しています。

この意味での「文化の翻訳」ができなければ、たとえどんなに語学力が優れていても異なる文化の人々をよく納得させられず、結局は圧倒されて口を噤んでしまうことになりかねません。これが、従来グローバルな舞台で何時でも何処でも見られてきた（もちろんとても立派な語学力をもつ）日本人の、偽らざる姿でした。

以上のようなわけですから、大学で何を柱として学んで行くべきかという判断を、どうか誤らないでください。グローバル化の時代に何よりも必要な能力は、必ずしも「言語の翻訳」力ではなく、むしろ「文化の翻訳」力なのです。それが狭く研究の分野だけに限らず、実社会の種々の部門でも今最も高く評価されている能力であることは、先に触れておいた通りです。

だから、（自文化内では「自然」であるがゆえに日常の意識から隠されている）暮らしの自明な論理を自覚的に洞察し、自文化の内側から外側へと突き抜ける形でその理解を得て、それを明快に論理化（言語化）する努力をこそ重ねるべきでしょう。それには、そうした内外双方向への洞察力を同時に並行して深めて行ける生きた経験を、実地に積まなければなりません。その質をもつ経験の最たるものが、何にも増して、実践的なフィールドワークの経験だと言えるのです。

（3）大学生活とフィールドワーク

それでは、大学に学ぶ青年として選び取るべき行動指針は、一体何でしょうか。勿論、通り一遍の、チープでありきたりの「問題の解決

Chapter 1 今なぜフィールドワークなのか

法」を頭から覚えて、それを身につけることなどではありません。大学入試という厳しい関門をくぐり抜ける技法としてそれを教えてくれた高校や予備校を既にもう卒業して、今まさに大学で実際に学んでいる以上、手段と目的とを取り違えては、本末転倒になってしまいます。

　むしろ、（仮にそれが何であれ）或る一つの事に強い驚きや違和感を覚えることによって日頃から生き生きとした関心を育み、（すぐには正解を見通せるとは思えなくても）何か格闘しがいのある問題を発見して、思い切ってそれとの格闘に賭けてみる勇気をもつこと。それこそが、大学生活での行動の確たる指針であるべきだと信じます。

　四年間の（長い生涯を通じて恐らく最も）自由な時間の恵みが、その一抹の危なっかしさを柔らかく抱擁し、余裕を与えて後押ししてくれるでしょう。その試行の過程で出会う数々の驚きから得られた、精彩を放つ豊かな感受性、独自の物の見方、その確かな言語化の力、旺盛な行動意欲、そして物事をなし遂げる自信。それらのものこそが、前途有為な若者に欠かせない大切な資質として何処でも期待されている、眩しく、若々しい力なのです。ただし、相手に求められる存在であるためには、相手の求めているものをまずしっかりと見通せなければなりません。

　フィールドワークは、その試行を始める恰好の糸口となってくれるでしょう。一人一人に特有なものとなるその得難い経験は、「出会い」、「発見し」、「考え」、「行動する」力を必ず培ってくれます。この事実は、現に実践してみた人々ばかりか、彼らを迎え容れてきた側の人々にとっても偽らざる実感となっているものなのです。だからこそ、昨今、何冊もの「フィールドワーク入門」書が相次いで世に現れ出ることになったのでしょう。これは、社会状況のとても好もしい変化だと言え、私も心から喜びとしているところです。

(4) 楽しさを知ってフィールドへ向かおう

　ただし、少しばかり困った問題もあります。まず、幾つかの「フィールドワーク入門」書が（人類学や社会学、地理学などの）専門家養成用のための「本格的な入門書」として企画され、分厚い専門書の体裁を採って刊行されていることです。この場合に意図されているのは、将来職業的な専門家になるために必須のものである、先の長い厳しい鍛練（discipline）の第一段階を実際的に示すことなのです。

　次に、入門書の別の一群には、（社会調査士等の資格取得を目指すためでしょうか）「技法」本位的な傾向がかなり強く見て取れるという問題があります。すなわち、それらは一種の「便覧」・「必携」（manual）として構想された刊行物群だと言えましょう。ただし、これでは、決まった基礎から定法の手順を追って既存の問題を分析し、（予想通りに）解決する、いわば予定調和的な処方を伝授することにしかならないでしょう。この場合、むしろ知らず知らずの内に権威におもねることにもなりがちで、瑞々しい発見への道を閉ざし兼ねない、規範主義（後述）の罠がとても気掛かりです。（私のこの小さな本が目指しているのはそのどちらのタイプの「フィールドワーク入門」書でもないことを、ここでよく覚えておいて下さい）。

　さらに、それらのどちらの場合も、単独の著者がその書物を一冊丸ごと執筆するという例はごく稀ですから、それ以外の大概のものは、「ノウハウの寄せ集め」の感を免れません。その結果、一冊の書物全体を貫いて絶えず鳴り響いている通奏低音（その著者に固有な独特のフィールドワーク観と確信）ともいうべき、一貫した志や切実な思いに導かれて論旨を追って行く心地良さが味わえません。私は、率直に、とても残念なことだと感じています。

　この小さな入門書は、一応は大学２年生前期に照準を当てた実習の授業である「フィールドワーク入門II」のテクストとして構想されました。これが、冒頭で述べた「入門書の入門書」という本書の性格規定の背景を成す基礎的な条件です。ただし、「はじめに」で予告した

通り、フィールドワークとは何かという特定のテーマを、本書はまずその大本に立ち返って幅広く考察しようとしています。これは類書にない、本書に固有の大きな特徴だと言えるでしょう。そして、それに次いで、フィールドワークの発見性とそれゆえの楽しさや、それがもつ豊かな意義を明らかにします。

このような独自の仕方で、読者のお尻をほんのちょっとだけ後押ししてみたいのです。つまり、彩り豊かな経験世界との出会いへと繋がる未知なるフィールドワークの第一歩をあなたが自らの足で踏み出すための、必要最小限の手助けを目指そうというわけなのです。

Chapter 2 フィールドワークとは何か

ここまでは、フィールドワークとは一体何なのかについて、厳密な定義をわざと留保して話を進めてきました。実際、実に様々な分野の研究活動に携わる人々が、それぞれに独特の魅力的なフィールドワーク観をもっているのです。しかしながら（ここで思い切って白状すれば）、「本職」であることを自認している学問分野のフィールドワーカーたち、例えば私のような人類学者は、やや「夜郎自大」に振る舞って、その事実に謙虚な目を向けて来なかったと言えるように思います。率直に、そして謙虚に、反省しておかなければならないでしょう。

（1）非デスクワークとしてのフィールドワーク

　文化人類学（社会人類学）の専門家として、日本やケニアの田舎の村に住み込んで長年研究してきた私にとって、本格的なフィールドワークとは、何よりもまず或る土地に長期間住み込み、土地の人々と実際に一緒に暮らすことに基づいて行われる現地調査のことです。

　1979年から翌1980年に至る9ヵ月が第一回目である私自身のケニア調査の場合、まず東アフリカ地域の共通語であるスワヒリ語を日本で前以て習得しました。実際の調査地（フィールド）として選んだキプシギスの人々の土地に住み込んでからは、まずスワヒリ語と英語で人々と交流しながら、自分自身の手で辞書を作りつつ（スワヒリ語とは系統が全く異なる）キプシギス語を身に付けて行きました。このような研究方法を「参与観察」（participant observation）と呼びます。人類学者にとってのフィールドワークとは、まさしく「参与観察」のことに他なりません。

　その私が、暫くケニアの別系統の民族の間でフィールドワークをしていて、鋭く意表を突かれる思いをしたことがあります。それは、1987年から1988年に掛けての8ヵ月間、西南ケニアのティリキ人の土地で、農村部に住み込んでいた時のことです。或る日、郡の行政首長に会いに役場に出向くと、顔見知りの事務官が済まなさそうな顔をして、「生憎、今朝フィールドワークに出てしまって、当分帰らないと思うよ」と言います。「えっ、（研究者でもない）行政首長がフィールドワークに出ているだって？」と、随分驚かされたものです。

　しかし、よくよく考えてみれば、デスクワーク（またはオフィスワーク）の場である役所を離れて野良（フィールド）での仕事に従事しているのですから、全く正当な言葉使いなのです。それまで「参与観察」こそが「本物」のフィールドワークだと確信して少しも疑っていなかった私（文化人類学徒）の、独善性と偏狭さが端なくも俄に暴かれた思いがして、大きな衝撃を受け、深く恥じ入った瞬間でした。

(2) デスクワークとしてのフィールドワーク

　実は、さらにさらにひどく驚かされた経験もあります。上の例では、オフィスワークやデスクワークの対語（反対語）として、フィールドワークが幅広い意味で捉えられています。つまり、机に向かって書類の山と格闘するという性格をもっている座業ではなく、それとは対照的に、実際に自分の体を動かして野外（フィールド）で実行する業務（ワーク）という性格がこの場合は焦点となり、それが当然のこととして強調されているわけです。

　ところが、さらにこの観点さえも乗り超えた用法に出合って、とても驚いたのでした。前任校のずっと年長の同僚だった英文学者N先生が、初対面の折りに私にニッコリと微笑みかけて、同じフィールドワーカーとして苦労がよく分かるので君の仕事には親近感をもっているよ、と言われました。N先生は、ほぼ毎年のように夏休みに英国の文書館に通って、悪筆で鳴る詩人ワーズワースの手書き原稿に直に当たって、根気よく校合する作業を続けて来られたということでした。その作業を、正統なフィールドワークと心得ておられたわけです。

　この場合、文書館で行う校合作業も無論デスクワークなのですが、（何時何処でも手軽に読める印刷物ではない、無論肉筆の）唯一の原資料（「第一次資料」）に直に現場で触れて行う作業という意味で、フィールドワークの本質が先鋭に把握されています。

　或る面で人類学の対極にあるフィールドワークの捉え方ではあれ、遠方まで実際に遙々身体を運んで初めてできる仕事だから、確かに一理あります。要するに、そうした長い距離の苦しい移動と、その後に現場で味わうことになる身体的な苦行も厭わない、まさしく「記述主義」が要請する独特のデスクワークのあり方。N先生は、それこそが「フィールドワーク」の本質だと見ていたのです。現代の学問研究に付き物の、その際立った「記述的」な特質に強い矜持をもっている、予想外の分野の老研究者の確信に満ちた言葉に思いがけなく接することになって、本当に深い感銘を覚えました。

Chapter 3 フィールドワークと記述主義

　さて、二十世紀の学問世界の内部に「記述主義」が確立されるようになる経緯に、ここで注意を向けておきましょう。「記述主義」が今日に至る滔々たる不可逆的な流れとなるのに特に大きく貢献した学問として、以下のように、①米国文化人類学、②英国社会人類学、③米国社会学の（初期）シカゴ学派を挙げなければなりません。

(1) 印欧比較言語学と「規範主義」

　本書はここまで、学問の現代性の中核を成す精神が「記述主義」にあると強調してきました。ただし、（「量的研究」に重きを置く分野、つまり統計処理や数式を駆使する学問領域の研究者から）それでは我田引水が過ぎると言われて、抗議を受けるかも知れません。しかしながら、少なくとも、二十世紀がまさに「記述主義」の学問が一斉に花開いた世紀だったとは、確かに言えます。一方、これに対する十九世紀までの諸世紀は、「規範主義」が諸学の精神を圧倒的に支配した時代でした。

　いわゆる理系の学問の強みは、単純明快な言質を与え得る、共通の、そして単一の言語（数学）が用意されていることです。それゆえに、文系（人文社会系）の学問も、出来れば理系の学問のあり方をきちんとモデルにするべきだという認識が二十世紀以前からありました。そして、文系の学問の中では最も理系の学問のあり方に近いと言えるのが言語学でしたから、他の文系諸学には、言語学をモデルにしようとする傾向が一般に強く見られたのです。

Chapter3　フィールドワークと記述主義

　しかしながら、十九世紀の中心的な言語学は、歴史言語学、別名印欧（インド・ヨーロッパ）比較言語学でした。そして、このいかにも自文化中心主義的な名称をもつ言語学は、同時に極めて強い「規範主義」的な性格を帯びていました。
　その学問的な目的は、太古の時代、ユーラシア大陸にアーリア人種と名付けられる白人（コーカソイド）系の人間集団がいて、やがてヨーロッパやインドの各地に拡散し、現在のヨーロッパの諸民族や、インドではサンスクリット語を使った北方の民族になったことを、言語学的に証明することでした。そこで、関係する諸言語の単語を広範に集めて分類し、相互に比較して、音韻（具体的な音声から抽象された、相互に対立して区分をなす言語音）が徐々に変化して行く諸々の法則の発見に努めました。次いで、その諸法則を歴史経過の逆方向を辿って（つまり遡及的に）現実の言語現象に当てはめて行って、アーリア人の原初の言葉だと想定する「印欧祖語」を再建（再現）しようとしたのです。
　印欧比較言語学の諸法則は、一本の木が徐々に枝分かれして大きく広がってゆくというイメージの、実に美しい体系性を示しています。しかし、その人工的な美しさこそが、この言語学の「規範主義」を見事に映してもいるのです。太古の小さな人間集団であるはずの「アーリア人」がユーラシア各地に拡散して行って今日の諸民族（国民）になったというのは、果して本当でしょうか。仮に「アーリア人」に当たる人間集団があったとしても、実に雑多な別の先住の人間集団が各地に存在していたと思われる以上、想定される「アーリア人」は長い年月の拡散過程でそれらの人々と到る所で絶えず入り交じり合いながら離合集散を繰り返して、種々の新しい存在様式へと移行して行ったと柔軟に考える方が、余程自然で妥当だと感じられます。
　実際、印欧比較言語学は、「ヨーロッパは一つ」であるべきだという十九世紀の強固な理念に実体的な枠組みを与える、その時代の思想運動としての（政治的な）側面を色濃くもっていました――それがや

がて今日のEU（欧州連合）の実現へと繋がって行った、当時のヨーロッパの支配的な思潮なのです。それ以前から統合と分離の波動を幾度も繰り返してきたヨーロッパの長い歴史の一コマから、学問的な装いの下に育まれて体系化された思潮。それこそが印欧比較言語学の偽らざるあり方だったのです。

　後に印欧比較言語学のこうした過度の「規範主義」を現実の諸事象をもって暴いて反証したのが、クレオール言語学でした。十五世紀の地理上の発見以来世界各地へと陸続と進出して行ったヨーロッパ諸地方の人々は、身体的な特質を異にする様々な人々と世界各地で混血しました。その時に、全く別系統の言語同士もまた混じり合ったのです。そうして形成された「混ぜこぜ言語」であっても、（言語を異にする両親の間に生まれた子供の代に）母語の段階に達すると目覚ましい成長を見せ、人々のコミュニケーションを担って余りある現実の手段へと見事に発展して行きました。まさに目の前で生き生きと展開する、この生まれたての言語のいかにも自在で逞しい生命力に言語の本質を見出したのがクレオール言語学であり、その「記述主義」が印欧比較言語学の「規範主義」と虚構性（政治性）を著しいコントラストと共に白日の下に生々しく曝す結果になりました。

（2）米国文化人類学とフィールドワーク

　印欧比較言語学が事実によって痛撃されたもう一つのフィールドが、新大陸のアメリカ合衆国でした。北米大陸の初期の言語学者たちは、同時に優れたフィールドワークを行った人類学者でもありました―言語は文化の最も大切で主要な、しかし、それでもなお一つの下位分野なのですから。彼らは、まず欧州で高度に整備されていた欧州諸言語の文法体系を基にして、その文法の枠組みをそのまま当てはめてアメリカ先住民の諸言語を理解しようと試みました。ところが、その枠組みを用いる限り、どうしても先住民の言語が何一つ分からない、つまり全然歯が立たない現実にも気づかざるを得ませんでした。ここで、

当時の言語学の規範主義が大きな破綻を見せることになったのです。

　合衆国の言語（人類）学者たちに残された唯一の道は、ヨーロッパの言語学の文法の常識を一切忘れ、先住民の音声を出来る限り忠実に逐一写し取っていく作業によって、一からすっかり出直してみることでした。そして、ヨーロッパの言語とは全く異なる先住民の諸言語に固有の仕組みと論理を徐々に何とか探り出して行き、やがて彼らの実に独特の魅力的な言語世界を解明することに成功したのでした。

　その結果、アメリカ合衆国の言語学が打ち立てた言語学の新しい学説は、（思い切り強調すれば）言葉が世界の似姿なのではなく、世界の方が言語の似姿なのだというものです。言葉は外部環境を切り取る（概念化する）卓越した手段であって、人々の現実の認知はそうした言語をいわばフィルターとして用いて行われるのだ、と。すると、言語は精神であり、言語が違えば（或る程度は）精神が、そしてその精神の器である世界が違うことにもなります。ここに、言語学の「記述主義」の確立に資することになった、フィールドワークの偉大な貢献をしっかりと確認することができるのです。

　米国言語（人類）学のこの考え方を「言語相対論」（サピア・ウォーフの理論）と言います。そして、言語相対論は、進化論的な言語優越論、つまり欧州の言語が世界中で最も発達した卓越する言語で、それに似ていれば高等、似ていなければ下等という、全くヨーロッパ中心主義（独善的な「規範主義」）の価値観から言語学を初めて解放するという、学史上誠に画期的な役割を果たしました。今日の人類学の思想の核心をなす「文化相対主義」（cultural relativism）、つまり、全ての文化はそれぞれが不可分に統合された全体を成していて、その任意の一要素を切り取って比較するのは無意味であるし、それ以上に有害でもあって、謂われなき偏見を生み出しかねないという文化観の源流も、以上のように鮮烈なフィールドワーク経験にあるのです。

(3) 英国社会人類学と植民地経営

ヨーロッパの十九世紀までの学問の「規範主義」がもつ強く観念的な虚構性とそれゆえの非現実性は、また別の、ある意味では極めて実利的な側面からも、やがて破綻を露にして行くことになります。

二十世紀初めの英国の文化人類学は、(古代ギリシアやローマの研究に端を発する)ヨーロッパ古典文献学の膨大な素養を下敷きにして成立した、いかにも古風でロマンティックな性質のものでした。世界各地に駐在する大英帝国の植民地政府行政官や宣教師、それに商人や旅行者が、本国に膨大な資料を日々続々と送ってきてくれます。それを独占して駆使できる特権的な位置にいて、その内容を基に人間の思考様式や社会と文化の展開を壮大なスケールで論じた当時の偉大な人類学者フレーザーには、次のような有名な逸話があります。或る時、一度でもフィールドワークをした経験があるかと尋ねられると、フレーザーは、「滅相もない。神のご加護のお陰で、そんな恐ろしいことを今まで一度たりとも経験しないで済んでいるのですよ」と、いかにも誇らしく、満足そうに答えたというのです。

それゆえに、英国が二十世紀前後からアジア・アフリカの植民地経営に本格的に乗り出し、間接統治によって地球上の全陸地の四分の一に相当する広大な諸地域を支配してその統治を試みた時に、当時の英国文化人類学の非現実性が否応なく露呈されてしまうことになったのです。端的に言えば、諸民族の暮らしの複雑な現実に立ち向かうにはやはりそれは無力で、全く実際の役に立たないと判ったのです。そして、フレーザー等が、「肘掛け椅子人類学者」(つまり、フィールドワークをしない「規範主義」の空理空論を玩ぶ書斎人)と一転して非難され、厳しく排撃される大転換が起きました。

かくして、フランスのデュルケム等の機能主義の社会学に範を採りつつ、アフリカ大陸を主要な舞台として、「記述主義」的な性格を強くもつ英国社会人類学が形成されて行きました。

この学問研究は、統合された小さな共同体の住人の日常生活に即し

た精密で具体的な厚い記述（民族誌）と、その内容を忠実に分析・総合して一般理論を導く社会人類学の二段階からなっています。その研究成果は、それまでは真面目な考察の対象とされたことのなかった無名の庶民の暮らしの具体的で微細な様相や、個々人の行為の社会的な意味を生き生きとした実感をもって伝え、且つ理論的な分析を加えたうえで統合してくれる点で、実に画期的なものでした。人々の多彩な暮らしや個人に纏わる細々とした事象と心証の意味は、決して社会から分断されたものではなく、逆に社会との密接な構造的関係の中でこそ正しく捉えることができるというのが、この学問の基本的な立場です。

　対象から距離を置いて突き放した、この冷静で犀利な対象把握の態度がなければ土地の人が英国人の代理を務める間接統治制度はうまく機能しなかったのです。それゆえに、この学問はアフリカ大陸の英国植民地を舞台として大きく開花し、発展することになります。植民地の冷厳な現実と英国の実利的な関与が人類学にその十全な達成を要請した、「記述主義」の別の一側面がここにあります。

　ただし、参与観察を中核とする社会人類学の成立には、第一次世界大戦期に西太平洋のトロブリアンド諸島に長く留まることになったマリノフスキー（と、同じ頃インド洋のアンダマン諸島で調査したラドクリフ＝ブラウンと）も大きく貢献したことを、ここで忘れずに付言しておきます。

(4) 米国社会学シカゴ学派と都市研究

　同じ文系の学問でも、現在の社会学では「記述主義」は、残念ながら主要な技法ではありません。その一つの要因は、人類学は（容易に理解が及ばない）異文化社会を、社会学は（一見分かり易そうな）自社会を研究の対象としてきたという、部分的にはかなりの対極性をもった伝統の違いにあるでしょう。ただ、それ以上に、研究対象とする社会の規模の大小の極めて大きな開きが関係していそうです。つまり、

第Ⅰ部　解題篇

都市社会、産業社会、国家社会等は、「記述主義」的な手法で全体を詳細に対象化するには、余りにも規模が大き過ぎるのです。

　ところで、社会学の分野で世界最初の学派を形成する大勢力となったのが、米国のシカゴ学派でした。その４つの世代中、特に「初期シカゴ学派」と呼ばれる第１世代と第２世代が、「事実それ自体に語らせる」という「記述主義」の手法を縦横に駆使して、都市社会研究の輝かしい一時代を築いた事実は、極めて重大だと言わざるを得ません。

　1850年代から1920年代にかけて、多様な社会・文化的な背景をもつ（主に欧州系の）移民が、年代的に位相を変えつつシカゴ市に逐次波状的に、しかも大量に流れ込み続けました。そして、シカゴの町の中心部にいた元からの住民には、郊外が理解のよく及ばない「別世界」になって行ったのです。

　移民たちが一つに溶け合うことはなく、或る程度似た背景をもつ人々が雑多な小コロニーをモザイク状に形成して行きました。それらのコロニー同士は空間的には距離が近くても、心理的には隔たり合っていて、その住人たちはほぼ重なり合う物理環境にいる場合も、相互に異なり合う（階層化した）別の意味世界を別れ別れに生きていたのです。この現実にしっかりと切り込んで実感をもって内側からそれを理解するには、やはり参与観察がどうしても不可欠でした。

　シカゴ学派の黄金時代と嘱われた第２世代を代表するパークとバージェスは、シカゴの街を「社会の実験室」と見做しました。そこで、数多くの学生を動員し、鼓舞し、激励して、参与観察による分厚い記述に裏打ちされた、シカゴ各地区の優れた「都市民族誌」（シカゴ・モノグラフ）を次々に纏めさせました。それらの業績は学位論文にまで徐々に練り上げ、質を高めてから公刊されたのです。それらは、社会学の誇る第一級の研究成果として、現在でもなお高い評価を受け続けているのですが、何といっても、面白い読み物でもあるのが実に素敵なところです。

　参与観察で「第一次資料」を得ることを何よりも重視する学問姿勢

18

は、パークが第一線のジャーナリスト出身だったことと無関係ではないでしょう。それと共に、パークの娘婿となったのが、ラテン・アメリカの民俗社会の画期的な研究（とそれから得た「大伝統／小伝統」理論）で知られる文化人類学者、レッドフィールドだったことも忘れてはなりません。これは、当時の米国の新しい学問の同時代的な精神であったとも言える「記述主義」が確立して行く重要な一過程を偲ばせる、とても重要な歴史的な事実だと言うことができます。

パークが、君たちは外へ出掛けて行って豪華ホテルの休憩室、木賃宿の玄関、管弦楽ホールや劇場の座席に腰を下ろしてみるんだね、と学生たちを叱咤激励し、「つまり、街に繰り出して君たちのズボンのお尻を"実地"で"本物"の調査で汚してご覧よ」と督促したその言葉は有名で、今も語り種としてよく引用されています。「記述主義」の要諦と、それに深く敬服する精神を、単純明快に実に分かりやすく、象徴的に表現しているからです。

Chapter 4 様々なフィールドワークの形

私が本書で示したいと願っているのが、特殊な鍛練(discipline)として或る学問に固有の専門的なフィールドワークでもなく、また「便覧」・「必携」(manual)に納まり切るような実利的で技法的なフィールドワークでもないことは、もう既にきっとよく分かって頂けたこと

でしょう。

　その反対に、能う限り広い射程でフィールドワークのあり方を捉え、その中核にある不可欠なものが何なのかをじっくりと考え抜いてみたいのです。つまり、それらに共通する現代的な学問・思想の時代精神である「記述主義」の本質を浮き彫りにし、その楽しく発見的な魅力をしっかり読者に伝えて、是非とも実践を促したいわけです。ええ、パークが例の有名な言葉をもってそうしたようにです。そこでこの章では、今ここで述べた精神に叶う、幅広い範囲の様々な「フィールドワーク」の形の幾つかに具体的に触れて、本書の狙いをさらに明確にしてみましょう。

（1）文献史学と文学研究

　文化人類学者である私のフィールドワークの中心地は、南西ケニアの、キプシギスという農牧民族の住む熱帯の高原地帯です。ただし、長い伝統をもつ文字社会である日本各地の社会や文化の研究も、アフリカでの研究と同じくらい長く、並行してずっと続けて来ました。

　その一つに、九州の前任校時代に始めた、渋江水神（河童）信仰の研究があります。従来、「河童研究」は民俗学の独壇場で、各地のきわめて断片的な口頭伝承に専ら資料を頼って、ごく狭く自足していました。ところが私は、それを何とか打破しようと、約十年間を費やして九州各地を渉猟し、河童水神信仰の宗家である長崎県と熊本県の渋江氏各家に伝わる大量の文書群を探り当てました。そしてそれを基礎資料として、「記述主義」を旨とする研究に着手しました。

　発見した数千点の文書は全て特殊なカメラで接写し、大版の分厚い目録兼史料集４冊も刊行しました。しかし、写真の映像では（例えば、虫食いの跡なのか、書かれた文字の一部なのか等）どうしても判読が困難な場合があります。そんな時には、九州各地の渋江家のいずれかをあらためて訪問して実際に原文書に当って確認する、一種のフィールドワークがどうしても不可欠になります。

この一例からでも明らかなように、現代の学問である歴史学（文献史学）にも、先のN先生の英文学研究のあり方によく通じる、「記述主義」の精神が生きているのです。

さらに、伝記的な方法で文学（ことに特定の作家）を研究する場合、各地の文学館等を訪れて、収蔵されている肉筆の原稿、未定稿、下書き、書簡等の第一次資料（刊行文献などに依らない原資料）に直に当たって、比較考量することが必要になります。その際、書き込み、削除、抹消、訂正、書き直し、加筆等の諸々の推敲の跡を丹念に追って考証しながら思考の軌跡を精細に辿り、その時点での定説を超えた解釈を模索することが何よりも重要なのです。このような「記述主義」の発露もまた、フィールドワークの一つの具体的なあり方だと言えるでしょう。

また、創作や研究のために、歌枕や作品の舞台となった土地、或いは作品の一舞台として想定している土地を実地に訪れる場合が念頭に浮かんで来ます。例えば、作家の青木玉は、母親である幸田文が、老いてもなお徹底した「現場主義」を貫き通す確固たる意欲をもち続けて、それが確保してくれる柔軟で自在な感性を維持しつつ創作の芽を育もうとしたと、何処かで書いていました。

山梨・静岡県境で偶然目にした「大谷崩れ」に心を激しく打たれて以来、幸田は、山がなぜ崩れるのか納得したいと、各地の崩壊地の探訪を始めたそうです。富山県の立山カルデラでは、壮大な規模の砂防工事が長年続いている現場を、人の背中に負われて一日中見て歩いたと言います。幸田のこのような誠に一途な姿にも、フィールドワークの「記述主義」に宿る瑞々しい創発的な力が強く感じられます。そして、その内なる力に鼓舞されて瑞々しい文章を綴り続けた一人の老作家の人物像も、強い感動を覚えさせずにはいないでしょう。

(2) 臨書をフィールドワークにする

ところで、書道では手本を見て文字を書くことを臨書と言い、習練

の根幹にしているようです。しかし、書家の石川九楊は、臨書をそのように美の観点からの技法と見るに止めず、文学研究・思想研究の技法としても洗練させました。文学館が収蔵する詩や散文の肉筆原稿を実際に臨書してみると、文字同士の大きさや間隔の異同等、残された諸々の試行の跡が自分自身の生々しい身体感覚に媒介されて時系列的に再現され、新たな理解に至る確かな霊感が訪れるのだと見ているようです。これは、従来の伝記的な文学研究の域を超えて一層深い文学研究を可能にする、再現的な臨床の「記述主義」とでも呼べる創見だと言えましょう。

　この節で取り上げた以上３つの事例は、いわば文字文化に関連する特有のフィールドワークとも言える「記述主義」の実践です。それらによって、身をもって「書く」こと（もっと広く言えば、エクリチュール〔引っ掻くこと〕一般）に自ずと宿ることになる精神性とでもいうべきものを、ここで確認しておくことができるように思われます。

　すると、この意味での「書く」ことが、ワープロで「書く」こととは本質的に異なる重大な一面をもっていることが分かるでしょう。ワープロでは、形と数が決まった活字が無限の仕方で組み合わされて印字されます。ただし、そこに形として表されるのはその組み合わせの一つの変異に過ぎず、また随時、且つ何回でも自在に変更できる「無限の変化（変換）」の余地を与えられています。この事実は、肉筆で「書く」ことの精神性の背景に「一回性」があり、その一回きりの結果が歴史に位置づけられて固定されるのと、鋭い対照を成すものです。

　すると、電子化時代の今、文字文化と「書く」こととの意味がこのように大きく変わってしまった事実が歴然と浮上してきます。つまり、「書く」ことの電子化は、その行為の精神性を薄め、歴史性を奪い去ります。この事態を俳人の富安風生は鋭く捉えて（と私は解釈するのですが）、「賀状の字いと正しきを畏れけり」と詠みました。

　将来、新しい文学館が建てられることがもうなくなり、文学の伝記的研究も成り立たなくなるかも知れません。その結果として、文学研

究は、恐らく「開かれたテクスト」の研究へと無限に開かれて行く方向を辿ることになるのでしょう。ここに生じる大きな変化の意味を、今深く心に留めておきたいものです。

(3) 日本の最も独創的な学問

さて、今度は反対方向に目を転じて、身体的に最も過酷な条件下で行うフィールドワークについて考えてみましょう。交通手段が極端に乏しく、水道もガスも電気も来ていない僻地で行う人類学のフィールドワーク（参与観察）は、まず住み込む所を確保するだけでも大事業。私はそれを、自身の四十年に近いアフリカ大陸での経験から痛切に身に沁みて知っています。

ただし、或る意味でそれ以上に過酷な「参与観察」を強いられるのが、野性動物、特に霊長類研究のフィールドワークです。この場合、来る日も来る日も長時間観察を続け、サルの群の行動にたまさか何か特記すべきことが起きる可能性に賭けて、ひたすら観察記録を積み重ねて行くしか手がありません。しかも、実際にその貴重な瞬間が訪れるかどうかは、いわば運次第です。ただし、何はともあれフィールドに出向いて観察しなければ発見の可能性が全くないのですから、観察が長時間にわたる事実それ自体が武器にもなり得る訳です。この意味で、これは観察することを最もよく徹底させたフィールドワークだと言えるでしょう。

この場合、発見の可能性を高めると共に、発見された事象の意味を正確に捉えるには、観察対象であるサルに（個人名に似た）個体名を与えるのが最も適切でしょう。これは、日本人には自然で馴染み易い方法です。実際、京都大学の霊長類学者たちが、日本猿や、アフリカではチンパンジーやゴリラ、ボノボ、ヒヒ等を相手にこの方法を用いてきました。そして、世界をあっと驚かせる画期的な発見を次々とものにして、この分野の最先端に立ったのです。私見ながら、日本のあらゆる学問領域で最も独創的なのは、断然、京都大学のアフリカでの

霊長類研究です。

　しかし当初欧米の研究者は、（個性のない）動物個体をあたかも人間個人のごとく扱う日本の霊長類学は感情移入が過多で、とても科学と呼べない代物だと冷笑し、まあ面白いから暫く勝手にやらせて見物してやろうという態度を採りました。人間と動物（或いは自然）との間の心理的な距離に関する日欧（米）の文化差が、その背景にありました。ところが、京都大学の徹底した「記述主義」は、実際の具体的な成果によって、そうした西欧の独善的な評価を根底から引っ繰り返す大きな威力を見せ続けたのでした。

(4)「参与／観察」の水準

　ところで、一応広義のフィールドワークと呼べる各種の作業をここまで概観してきて、ひょっとしたら、それらと「参与観察」（participant observation）との相互関係が必ずしもよく噛み合っていないのではないかと感じられたかも知れません。そこで、この事情に少し立ち入って触れてみましょう。

　米国社会学の（初期）シカゴ学派は、先に述べた通り、参与観察という質をもつフィールドワークを学問的な方法の基盤として重視しました。さらに、それに携わる「参与者」のあり方として、以下の四つの変異を想定していました。それらは、①完全な参与者、②観察者としての参与者、③参与者としての観察者、④完全な観察者、です。

　②「観察者としての参与者」というあり方が、（例えば私のように）異文化の参与観察調査をする文化人類学者の平均的な立場に最も近いでしょう。長期間、小共同体に住み込んでフィールドワークを行うのですが、その人々の間での自分自身の役割を初めから明らかにしておいて、その役割の範囲での参与をすると双方が心得て交流する、という立場です。③「参与者としての観察者」とは、②のように研究対象の人々と長期間一緒に暮らすことはせず、時間的にはごく短い表面的なコンタクトをする立場を選ぶ人のこと。典型的なのは、訪問面接方

Chapter 4　様々なフィールドワークの形

式のアンケート調査をする人です。④「完全な観察者」とは、例えば、相手にアンケート用紙を郵送して、暫く後に回答を返送して貰うといった調査法を採る立場の人のことです。

　ところで、①「完全な参与者」となる者は、皮肉なことに、調査者である自分を（何らかの意味で或る程度）自己否定することになってしまいます。例えば、自分が調査者であることを隠し通して観察調査する場合がそうで、スパイが最も完全な形で体現することになるあり方です。すると、フィールドワークする人類学者とは、研究対象との「近さ＝思い入れ」（attachment）と「遠さ＝違和感」（detachment）を同時に感じつつその中間に居続ける者となるジレンマを覚悟して受け容れた者、つまり望んでなる「境界人」（marginal man; パークの造語）であることが分かるでしょう。

　人類学者の誰もが知っている「神話」に、アマゾンでフィールドワークしていたクルト・オンケルという若い人類学専攻の大学院生が、ジャングルの奥に姿を消してしまって二度と現れなかった、という話があります。参与観察中に何時しか「近さ＝思い入れ」が「遠さ＝違和感」を大きく上回るようになってきて、立派な人類学者として大成することよりもむしろアマゾンで暮らす方が良い人生だと判断して、②の立場を捨て、①の立場を選んだのです。

　さて私には、大学院生時代、響灘にある蓋井(ふたおい)（下関市）という小島で5ヵ月間、初めての本格的な参与観察調査をした経験があります。無論、②のあり方が前提でしたが、私はいわば島の一員（①）になろうと強く思い定めて、主観的にはあらゆる努力をしました。

　当時島は、北九州5市の合併に伴って漁獲物を出荷する魚市場の変更を迫られ、大きな不安を抱いていました。そこで島の漁協は北九州市との交渉と情報収集を全面的に私に託し、私は島の漁船で響灘を渡りました。そして、その暫く後、島の娘さんを嫁に貰わないかと突然打診されて一驚しました。寝耳に水とはこの事、（まだ人類学者のホヤホヤの卵でしかない）私は専門家になる迄の苦難に満ちた長く苦し

25

い前途をしっかりと覚悟していて、当時、結婚など全く想いもよらないことでした。それにも拘わらず、フィールドワーカーとして島の一員（①）になり切るべきだと堅く信じていたという酷い自己矛盾にその時に漸く気付いて、我ながら呆れ果て、恥じいったのでした。

　なお、訪問面接方式のアンケート調査（③）と、郵送式アンケート調査（④）は、今日の人類学者の通常のあり方である「観察者としての参与者」（②）を基準とすれば、「参与」の実質をもっていると認めて、数量に還元しえない資料を得ることを追求する「質的研究」（または「定性的研究」）に分類するのには、率直なところかなり強い抵抗を感じざるを得ません。

(5) 動物を対象とする参与調査とは

　しかし、③「参与者としての観察者」と、④「完全な観察者」に分類される調査者の調査のどれもが全く「質的研究」の名に値しないとは、必ずしも言えません。また、③・④の分類にその内容として何を指定するかも、実際には微妙な判断を要すると考えています。特に、調査対象が人間ではなく動物である場合は、④に分類されると思われる調査（観察・実験）でも、十分な内実を備えた優れた「質的研究」（後述）になり得ることも珍しくありません。

　一例を挙げると、2010年、千葉県の小学校4年生（当時）の吉岡諒人君が、アリジゴク（ウスバカゲロウの幼虫）を飼育観察していて、生物学の「通説」を書き換える発見をしました。大概の書物やインターネット上の記事は、ウスバカゲロウの幼虫は排泄をしないと説明していました。しかし、大写しの写真を撮ろうとして白い紙の上に置くと、肛門から黄色い液体を少量出しました。そこで、あらためて10匹を白紙の上に置いてみたところ、4匹が同じように黄色い液を流したのです（『朝日新聞』同年11月4日）。この発見は、広く流通している情報をそのまま鵜呑みにせず、流されずに観察・実験した幼い少年の「記述主義」精神の驚くべき勝利でした。

京都大学方式の現地参与観察に携わる霊長類学の調査者も、外形的に見れば、④「完全な観察者」に分類されるのが相当でしょう。ただし、山極寿一さんは、ゴリラの幾つかの発声パターン（「ゴリラ語」）を自在に操り、長年観察してきた群の傍らにいることを何時も許されるようになります。幼い時に彼と遊んだことのある老ゴリラのタイタスが、最近久しぶりに再会した山極さんを体の記憶を通じて思い出して遊びに誘ったという彼の報告は、実に感動的です。

山極さんの参与観察の質は、③「参与者としての観察者」の域に達していると言えるでしょう。いえ、子供時代のタイタスと遊んだ山極さんは、②「観察者としての参与者」の質ももっていました。山極さんが今ではもうタイタスの遊びへの誘いに応じられなかった理由がゴリラとヒトとの甚だしい体重差であることは、言を俟ちません。でも、彼の参加のあり方は動物を対象とする徹底した参与観察の一つの極点を指し示しているでしょう。

(6) 人間を対象とする参与調査の極意

調査対象が人間の存在や暮らしの全体ではなく、その何か一つの行為であるような場合にも、④「完全な観察者」としての「参与」が「記述主義」の本領を発揮することもあり得ます。その一例として、芳沢光雄さんのジャンケンについての取り組みが挙げられます。ジャンケンは「3竦み」（数学的に見れば、位数3の巡回群）という構造をしています。だから、純粋に数学的には、グー、チョキ、パーが出る確率は、どれも丁度3分の1ずつになります。ところが、725人に延べ11,567回試みて貰った結果、出された回数はそれぞれ4,054回、3,664回、3,849回と、相当大きな開きを見せました。すると、グーが出る回数が最多、チョキが最少ですから、パーを出せばジャンケンに勝つ確率が最も高くなるでしょう（朝日新聞、2009年5月5日）。

この差は、人間が機械ではなく、紛れもなく心をもった生物であって、それゆえに何らかの生命現象が介在した結果なのですが、ではそ

の原因は具体的には一体何なのでしょうか。グー、チョキ、パーは、例えばA、B、Cといった抽象的な人工の（他の項と相互に無条件で代替可能な）記号群ではなく、手という器官を使う身振りを記号に転用したものです。元々、「手に汗を握る」という言語表現があるように、人間は警戒すると無意識に拳を「握る」傾向があります。ジャンケンに臨んだ時の心理が丁度それに当たるわけで、その結果グーの出る確率がかなり顕著に高まってしまうということなのでしょう。

　芳沢さんがこの実験のジャンケンに加わったかどうかは不明ながら、もし加わっていれば「参与者としての観察者」（③）になります。この立場は、参与観察と「記述主義」の質を一層高めるものだと言えます。観察者自身が参加者の一人だと、人間は外側からばかりでなく、全く同時に心の内側からも観察できる格別の研究対象になるからです。

　そうした質をもつ参与観察を行った人物に、精神分析学を創始したフロイトがいます。外側と内側の両方から同時に人間を参与観察したからこそ、「無意識」という画期的な理論を柱とする、あの卓抜で独創的な学問を築くことができたのだと考えられます。

　もう一人、③の立場を採って成功した播磨六郎さんを紹介しましょう。大塚製薬でポカリスエットの開発を担当した「味の天才」でした。千を超える試作品から選び抜いた２点の優劣を決めるのに、「汗をかいて本当に飲みやすいのはどっちか汗に聞こう」と決心しました。そこで、山頂で秋風に吹かれて試飲し、結局糖度の低い方が「より長く飲まれる」はずだと見切ったと言います。その一方、汗をかきそうなあらゆる場所で３千万本を無料で試飲して貰って、自分の判断の裏付けを得たのでした（朝日新聞、2009年10月24日）。

（7）意図的な参与と状況的な参与

　さらにもう一人、③「参与者としての観察者」の立場を生かして生産的な仕事を続けている人物を挙げてみましょう。それは、漫画家のやくみつるさんです。彼は気軽なパック旅行が大好きで、よく利用す

Chapter 4 様々なフィールドワークの形

るそうです。その理由は、大勢の同行者の中には多かれ少なかれ添乗員泣かせの我が儘者がいて、そのうちに必ず一人や二人がとんでもないことを仕出かすからだと言います。そこで展開されることになる思いがけない喜悲劇が、誠に興味深いとのこと。なるほど、彼の漫画が意外性に富んでいて面白く、しかも演劇的なのは、そんな意図的な参与観察の経験に裏打ちされた「記述主義」の精神の賜物だったのだと、よく腑に落ちたのでした。

　ところが、自分が望まなくても③「参与者としての観察者」になってしまう機会が、日常的に、しかも身近に当り前のように存在しています。意外かも知れませんが、例えば、通勤時等に電車やバスの乗客になる時です。ケンブリッジ大学の社会人類学の準教授であるシテーガさんは、若い頃日本に留学して車中で居眠りする日本人の姿を見て酷く驚き、それ以来ずっと日本人の居眠りへの関心を持ち続けてきました。そして、2013年に『世界が認めたニッポンの居眠り』（阪急コミュニケーションズ）という大変面白い書物を世に問いました。

　日本人は、会議中でも授業中でも喫茶店でも車中でも、公然と居眠りをします。シテーガさんは、その実情を楽しく説得的に記述したうえで、理論的な分析と総合を試みます。世界には、(a)夜間の睡眠時間が短めで、昼間個人が別々に居眠りやうたた寝をする「仮眠文化」、(b)睡眠は夜間のみで、しかも私的領域に封じ込められている「単層睡眠文化」、という両極と、両者の中間的に位置し、(c)公然と（シエスタなどの）昼寝を認める「昼寝文化」がある、と述べています。欧州は(b)、日本は(a)に属するとのこと。余裕のある長年の観察がよく行き届き、大きな展望も与えてくれる、面白い優れた作品です。

　民族誌としての「記述」から社会人類学としての「分析・総合」へと2段階構成で同じ研究対象を論じるこの書物は、英国社会人類学の典型的な論述スタイルを忠実に踏襲しています。ここで思い浮かぶのは、米国社会学のシカゴ学派が、「記述主義」を研究方法の確かな基盤としながらも、記述された資料を適切に解釈する「概念」を欠くよ

うな野放図な「理論無き記述主義」を戒めたことです。その戒めを胸にして、シテーガさんの余裕のある研究スタイルを楽しみつつ、是非この作品の論述の進め方に学んで欲しいものです。

Chapter 5 「新しい公共」とフィールドワークの効用

　この第Ⅰ部《解題篇》の実質的な導入部分となっている第一章「今なぜフィールドワークなのか」では、その第1節でこう述べました。国民一人一人が自らの手で調査し、解明した独自の根拠に基づいて進んで具体的な提案を行う「新しい公共」の実現が、「3.11災害」以来一層切実に求められるようになったのだ、と。
　そこで、それに呼応する形でもう少し議論を深めてから、第Ⅰ部を締め括りたいと思います。この第五章では、フィールドワークとその精神である「記述主義」が今実際に「新しい公共」にどう貢献しつつあるのか、それに少し立ち入って触れてみましょう。

(1) 理念から実践へ

　「3.11災害」以来益々強く掲げられるようになった「新しい公共」という概念の内容は、実は必ずしも新しいものではないと言えるかも知れません。と言うのも、福沢諭吉が『学問のすすめ』の中で、ほぼ同じ趣旨のことを早々と唱えていたからです。

Chapter 5 「新しい公共」とフィールドワークの効用

　「人民はなほ社中の人のごとく、一人にて主客二様の職を勤むべきものなり」というのが、福沢のその主張です。福沢は今日の社会に当たる概念を「会社」と表現しました。その社会の主は国民ではあるが、日頃は国民が社会の運営を政府に任せている。政府の運営が上首尾である間は問題もなく、それでいい。だけれども、そうでなくなれば、主である国民が理を尽くして政府を説得する必要があるが、そればかりでは事足りない。すなわち、国家の運営に自らも進んで参画する気概を日頃からちゃんともっていなければならない。福沢はこのように説いたわけです。しかし、その高邁な理念が実践されることは、現実には、今まで絶えてなかったと言ってよいでしょう。

　ところが、「3.11災害」以来、状況が劇的に変わりました。例えば、日本史学者の間からも、白水智さんのような実践者が現れました。最近刊行されたばかりの自著『古文書はいかに歴史を描くのか』で長年の現地調査の成果と古文書の対話を試みて、説得的な議論展開をしています。

　また、磯田道史さんは、地震と津波の被害を書き記した同時代的な古文書を各地で掘り起こしながら、それとともに足繁く災害遺跡や今回の被災地の各所をフィールドワークしています。

　ここには、掘り起こした歴史記録と現地調査の成果をできるだけ厳密に照合しようとする、強靱な「記述主義」の精神が窺えます。その結果を基に具体的な問題提起と明快な提案をして「新しい公共」を体現しようとする歴史家像が、そこに確かに見えていると思います。

　磯田さんは、「現場を踏むと、それまでの固定観念がガラガラと崩れることがある」と、率直な反省の弁を新聞の連載記事に書きました。例えば、一例はこうです。防潮用の松林の木が現実にはすぐ根こそぎ抜けて津波に押し流されて人や家に襲いかかってくるのだと、被災者に教えられます。すると、「『奇跡の一本松』はマツが防潮の役割を果たせなかったことの象徴物でもある」と、臆せずにはっきりと言い切っています（朝日新聞、2013年4月27日）。

(2) 魚無き川の魚の絵

　上の磯田さんの言明の徹底した「記述主義」が、この期に及んでもなお「奇跡の一本松」を安易に災害復興のシンボルに祭り上げた、情緒主義的な行政の施策と鋭い対照をなしていることは明らかでしょう。

　ところで、あの「奇跡の一本松」の映像を見る度ごとに私の念頭に去来する、もう一つの痛ましい光景があります。自宅から職場まで、遠回りの長い散歩を楽しんで通勤することが多いのですが、その途中で出合う幾つもの細流の景観が実はそれなのです。

　治水環境が良くなって、以前のように生活排水が流されなくなって以来、それらの小さな流れの水質は目立って改善されました。それは、誠に喜ばしいことです。しかしながら、そこから派生した新たな深刻な問題が、実は水質とは別のところにあるのです。

　一言で言えば、その美しい流水には生命が潜んでいたり騒いだりする気配が全くなく、何者もこそとも音をたてて動くことがないのです。

　と言うのも、流れの両岸も川底も全てがコンクリートで隙間なく固められているからです。こうして環境多様性が極限まで削ぎ落とされ、水草や虫・貝・蟹・魚等の動植物の生命が自ずと湧き出てくる余地が、完全に封じられてしまいました。

　心に突き刺さるのは、それらの川筋に巡らされた白く綺麗な、長大なフェンスです〔写真1〕。縦の鉄棒一本一本のどこかの部分に青い塗装が施され、横方向から数本一緒

写真1　コンクリート三面張りの流れとフェンス

に見通すと青い魚の姿絵が浮かび上がるデザインが巧みです。そして、「明るい街（の）きれいな水路」を大切に守ろうと呼びかける公的な掲示板がその傍らに立てられています〔写真2〕。

写真2　コンクリート三面張りの流れの傍らの掲示板

　ひょっとして、流れのこれ以上ない殺風景を少しでも償いたいのかも知れませんね。しかし、生命がすっかり消え失せた排水路、人体に例えれば唯の排泄器官と化した流れとその傍らのフェンスを目にする度に、現実と観念の完璧な乖離が痛々しく意識化され、埋めようのない虚無感に苦しめられるのです。それは、あの豪華にモニュメント化された「奇跡の一本松」の生命なき人工の「雄姿」を目にする度に心に去来する、例の痛切な虚しさに少しも劣りません。

　ポスト「3.11災害」の今こそ、関係する行政機関は権威的な「規範主義」の空々しさに真っ直ぐに目を向け、「記述主義の現代」の現実を直に相手にするべきです。その時、足で稼ぐ現場主義のフィールドワークこそが、何にも増して真先に求められることになるでしょう。

(3) 防災計画で実際に人を生かす方法

　ここで確認しておきたい重大な逆説的事実があります。「3.11災害」の衝撃とそれ以来の巨大災害への関心の高まりは、日本の各地で地震や津波の罹災予測地図（ハザード・マップ）を目ざましく普及させてきました。ところが、インターネットを使った最近のアンケート

調査の集計結果は、意外なことに、自分の居住地区の危険の大きさの認知が恐怖心を確実に強めている反面、何か具体的な対策を講じようとする積極的な防災意識の向上にほとんど繋がっていないことを明らかにしています。

とは言え、幾つかの地方自治体で、「ためにする議論」や「ためにする防災計画」の誤魔化し（の安心）や嘘を克服しようとする確かな努力が実を結びつつあるという、明るい事実も他方には存在しています。その代表とも言えるのが、静岡県焼津市の事例です。そこで、NHKのドキュメンタリー番組『巨大災害』第2集、「大避難〜命をつなぐシナリオ」（2015年9月放送）で取り上げられた、その取り組みの要点を以下に紹介して見ましょう。

焼津市は、南海トラフ巨大地震の発生時に津波が最初に到達する地点の一つで、最大約千人の犠牲者が出ると想定されています。それを防ごうと、津波避難塔が急遽21基新設されました。ところが、京都大学防災研究所の守矢克也教授が、避難行動の聴き取り調査資料を基にシミュレーションしてみると、極めて多くの住民が逃げ後れてしまいます。そこで焼津高校の生徒4百人の協力を得て、海岸に最も近い一地区（焼津第5地区）で訪問アンケート調査を実施してみると、①老齢、②体が不自由、③要介護者を抱えている等の理由で、避難を初めから諦めたまま暮らしている住民が少なくないことが判明しました。

そこで、市が指定する避難場所以外でも安全な民間の建物に個々の住民が適宜逃れる、実際的なプランを立て直しました。各々の住民に焼津高校の生徒が付き添って避難訓練を実行して貰い、ストップウォッチで所要時間も計測しました。その結果、第5地区だけで、新たに286人の命が救えるはずだと分かりました。（この案でもまだ救えない）残りの少数の住民にも、個々の実情に即した仕方での避難（「オーダー避難」と命名）が必ず実現できると、守矢教授は言います。

ただし、仮に守矢教授が「オーダー避難」を完璧に実現できたとしても、それは災害発生直後の人命確保を可能にするだけで、解決すべ

き一層敷居の高い数々の課題がなおも残ります。それは、焼津市民の持続可能な生活を保全するという壮大なスケールのもので、市民の意識と暮らしのあり方の根底からの変革を求めるような大変なものかも知れず、容易に実現できるとはとても思えません。それを達成するためには、少なくとも市民の一人一人が実践的に関わる「新しい公共」のあり方が前提としてどうしても不可欠になります。

　守矢教授の訪問アンケート調査（という形での参与調査）に、焼津高校の全校生徒4百人が参加した経験は、ともかくもその「新しい公共」を実践する第一歩となったことだけは確かです。この場合、その参与観察は、普通のアンケート調査の場合のような「参与者としての観察者」（③）というあり方を超えて、「観察者としての参与者」（②）の域に達しています。実地に現場を歩けばきっと何らかの問題が見え、共に考えて実際に行動すれば必ず連帯が生まれて、何かしら実効性のある対策の発見に繋がるでしょう。素朴なフィールドワークの力がここに確かに感じられるのです。

第Ⅱ部　実践篇

　さて、第Ⅰ部《解題篇》の理解を踏まえて、いよいよこの第Ⅱ部《実践篇》で、読者に実践して貰いたいフィールドワークのあり方を、より一層具体的に論じてみましょう。

　《解題篇》第四章の第7節で、英国の人類学者であるシテーガさんの、日本人の居眠りに関する研究を紹介して、参与観察調査の「意図的な参与」と「状況的な参与」の区分に触れました。そして、本書で展開してきたような幅の広いフィールドワーク観に通じていれば、日常の何気ない場面も（米国社会学シカゴ学派が研究基盤と見做す）参与観察としてのフィールドワークの場にできるのだと述べました。皆さんも、何時かたまさか訪れて来る好機で得られるであろう霊感を逃さず胸に留め、育んで、フィールドワークの発見性と面白さを是非実感して下さい。

　ただし、この《実践篇》では、初めからもう少し意図が明確で、しかも読者の皆さんにとっても比較的無理のないフィールドワークのあり方を求めて、思索してみましょう。

Chapter 6 「量的研究」と「質的研究」

《実践篇》の冒頭で、まず「量的研究」（定量的研究）と「質的研究」（定性的研究）の違いを確認しておきましょう。ごく簡潔に言えば、前者はアンケート等によって数量化・統計化する資料を集めて解析する技法で、後者は対象の分厚い記述を基に、（あまり）数値や統計に頼らずに解釈して対象理解を図る技法です。なお私自身は、「質的研究」に重きを置く立場の研究者です。

(1)「量的研究」の逆説

統計の数値は、何時も何か深い含みをもつ事情を代表しているとは限りません。例えば、ある展覧会に多数の入場者があった事実は、入場者のどれだけが満足し、或いは不満を抱いたか、またその満足と不満の原因が何だったか等のことを、直には一切何も教えてはくれません。また、来訪に何か特定の目的があったのか、単なる暇潰しだったのか等も分かりません。そこで、アンケート等による「量的研究」のさらに組織的な実施が検討され（て実施され）るでしょう。

この場合、調査の公正さは、質問と回答が何処でも極めて近似的な条件で行われるという事実によって保証されることになります。ところが、「郵送・返送」式よりもずっと丁寧でコミュニケーションの質が高い面接式のアンケート調査の方が、むしろ質問・回答の均質的な実施の面で劣るという、困った逆説が生じます。また、対面的コミュニケーションである面接の過程では、想定外の展開や興味深い発見が付随する好機が度々訪れますが、まさに先に述べた方法論上の「公正

さ」の要請のゆえに、調査者はその絶好の機会の利用を自制すべきだと禁欲的に判断し、恐らく見捨てることになるでしょう。「量的研究」に関する誠に厄介な問題の一つが、ここにあります。

(2)「質的研究」の深い参与性

上の例を少し違った形に置き換えて、さらに考察してみましょう。米国では、1960年代に公民権運動が盛り上がった結果、同年代の終りには、形式的には人種差別が撤回されました。しかし、その後も実質的な人種差別が一部残り、アフリカ系のみならず、アジア系の市民もしばしば不愉快な思いを味あわされました。その実情調査の一環として、アジア系のカップルからという想定で研究者が多数のホテルに宿泊予約を試みると、かなり高い割合で（やんわりと）宿泊を拒絶されました。

ただしその数値が深い含みのある現実の事情を自動的に直接語ってくれるわけでないのは、上の場合と全く同じです。そこで、「量的研究」ならば、より確かな根拠となる資料を集めるために、組織だった周到なアンケート調査が次に行われることを当然想定できます。

一方「質的研究」なら、次に別の仕方、つまりもっと参与性の高い調査で理解を深めようとするでしょう。そう、その「カップル」が自ら各ホテルを今度は直に訪れて、受け付けで宿泊を直接申し込んでみるのです。この場合、調査者は「観察者としての参与者」（②）の位置を選択するわけです。種を明かせば、これは実際に行われた調査でした。

すると、驚いたことに、拒絶される割合が遙かに低くなりました。この結果が意味するのは、「意識」と「行動」とが常にそのまま連動するとは限らないという興味深い事実です。脈絡性の低い抽象的な意識と、具体的な対面的脈絡での行動が相異なることが、実際に往々あり得るのです。

こうした「質的研究」の調査では、質問・回答の斉一性を追求する

必要はありません。むしろ、個々の場面とその脈絡の変異を詳しく記述し、資料性を高めて相互に比較対照すれば、背景の複雑な社会性を浮き彫りにするであろう、重層的で深みのある解釈を達成することができることになります。

「量的研究」と「質的研究」のどちらを優先するかは、研究者個人の個性以前に、研究分野の属性によります。人類学は特に「質的研究」、しかも「観察者としての参与者」（②）の立場から行う参与観察を基本的な研究方法としている分野だと言えます。

Chapter 7 自文化の学である民俗学に学ぶ

本書の目的は、人文社会系の学生の皆さんに広くフィールドワークの魅力を伝えて、その実践へと誘うことです。人類学の研究者である私自身は、勿論人類学的なフィールドワークを勧めたいのですが、人類学は異文化研究を基本とする以上、その条件に即した方法をそのまま勧めるのは、（言葉や費用、それに調査許可取得の問題もあって）必ずしも現実的ではないでしょう。

（1）民俗学のフィールドワーク

そこで、「自文化の研究」ながらも人類学と多分に重なり合う関心をもち、近年人類学から強い影響を受けて大きく変化している、日本

民俗学のフィールドワークに学ぶことを勧めます。

　ただし、民俗学も一枚岩ではありません。柳田國男が創始した「一国民俗学」としての日本民俗学の他にも、（柳田の弟子でもあった）折口信夫の古典学的でロマンティックな民俗学や、（柳田とは逆に民間、特に漁村部の）文字伝統の分厚い蓄積を重視し、欧米の民族学にも学んで渋沢秀雄が築いた、記述性を重んじる民俗学等、それぞれに固有の特徴をもつ幾つかの分派が見られます。渋沢が組織・後援した日本常民文化研究所（常民研）に拠って全国を隈なく歩き、独自の文学的な民俗学を創り出した宮本常一の膨大な著作も、幅広い支持者をもっています。その影響の下で民俗学を志した人々の内でも、宮本の最も若い、そして最後の弟子となった香月洋一郎の参与的性格が際立つフィールドワークを高く評価して、それに学ぶことを強く勧めたいと思います。（渋沢の没後、常民研は神奈川大学内の研究所として再出発し、活発な研究活動を続けています）。

　そこでまず、香月さんの小さな論考、「アワビカギを持って」（『民具マンスリー』第28巻第7号、1995年）からの引用で、彼の民俗研究の瑞々しい魅力の一端を例証してみましょう。

　　——調子よか時は、たいがいアワビの場所は見つける前にわかるですもんね。（中略）自分がほかのほうに行きとうてもアワビに引っ張られて自然にアワビの方に行くごとあるですもんね。降りてすーっといきゃアワビがおる、ちうごとあるですもんね。
　　——自分の入ったあと、自分が、ま一遍みても絶対おらんです。きれいにおらん。ほかの人が見たらあると思うとですよ。自分の首のひねりかた、見かた、さがしかた、同じやろと思うですね。
　　——海士が十人おったら十人、自分の息いっぱい潜るとですよ。けど、息ばこらえるだけこらえて採って、もう駄目ばいというとこまで採っても、これから上がるちうごとなったら、その息は必ずどっかにあるとですよ。

——降りた時に見て、おっただけ採るとはよかですばって、戻ろうとしてあと返って見つけて採る、あれが一番ようない。それで死んだ人おるとですよ。私ら中学生の頃、二三回あった。それがどんなアワビかというと小さかアワビなんです。
　——何某のじいちゃん、ツボメガネで入っとって水圧の調節があわんで、海面に出たら目玉がとびだして、あわてて目ん玉押し込んだ。押さえたら入った。そんなことあったげなたい。私が十八の頃やった。
　——釣りは下手の針に魚がかかるちうことはある。ばって海士はその人その人の力たい。水揚げ十番目の人が一番、二番になることは絶対なか。一番、二番はそう変わらん。いくらがんばっても上手にならん人は十年たっても上手にならんですもんね。

(2) 記述の瑞々しさの秘密

　香月さんは五島列島の宇久島の鮑採り（男性の海士）の生の声をじっくりと聞き分け、存分に語らせています。それが彼の聴き取りに独特の香気を纏わせ、読者を引き付けて離さないのです。
　では、香月さん（や宮本さん）が、他の民俗学者よりもずっと豊かで、深みも広がりも十分にある民衆の世界を描き出せたのは、何故でしょうか。それは、彼（ら）が自分自身で調査対象を解釈しつつ何かを語ろうとするのではなく、土地の人々に直接自分自身を語らせることを旨とする「聞き書き」を、民俗学の方法として徹底させたからでした。
　土地の人々の語りには、調査者のどんな巧みな語りよりも、常に豊かな厚みや幅があります。その差は、土地の人々の方が自らの暮らしの細部に深く通じているからという当然の事実による以上に、むしろ両者が語ろうとする目的が全く異なっていることによるのです。
　調査者は、土地の人々を何か特定の調査に役立つ存在として選び出し、その目的に沿った、人々の言葉や行為の自分なりの解釈を通じて

研究対象の理解に達しようとします。その理解が明快であるためには、当該の目的からすれば余計な、あるいは「非本質的」な要素を解釈で極力削ぎ落として行き、諸々の雑多な変数を最小限に絞り込んで行く努力を一貫して続けなければなりません。そうである以上、解釈することが、対象を薄っぺらく単純・貧相にすることにも往々なり得るのです。

　一方、土地の人々の語りは、脈絡もなく方々へ気儘に拡散しがちですが、その分だけ幅と厚みや膨らみがあります。人々は、調査目的で狭く枠付けられた個々の質問や窮屈な仮説に対して直接答えるのでなく、自分自身の存在自体をそのまま語ろうとするからです。そして、米国の文化人類学者ギアツが強く求めたように、その語りを正面から受け留めて「厚い記述」をすることが、今日の人類学のフィールドワークの基本的な前提なのです。香月さんの記述の冴えは、彼の調査が（私など）凡庸な人類学者以上に見事に、図らずも、それを実際に体現している証拠だと言えましょう。

（3）民俗学の「規範性」を超える

　ずっと年の若い六車由実さんも、皆さんに手本として見習って欲しい民俗学研究者です。彼女は、八年間教鞭を執った大学を書類書き等に倦み疲れて辞め、暫く後に郷里に帰って、そこで介護施設の職員に転身します。やがて、その介護現場で「テーマなき聞き書き」という独自の方法に目覚め、施設の利用者（多くは認知症患者）の人生に直に触れて、その新鮮さと豊かさ、多彩さを損わない忠実な記述に努めます。一方、驚きと感嘆をもって接して来る彼女と触れ合うと、それ迄疎外されて絶望していた患者も自信を回復して目を輝かせ始め、生気を取り戻して行きました。

　施設利用者との相互作用である聴き取りの記録は、着々と厚みを増して行き、その過程で、（農林水産業をほぼ排他的な研究対象としていたがゆえに、主流の）民俗学がずっと見逃し続けてきた近代的な

種々の職業部門で働いた諸々の人々の伝承世界を再建することに思いがけず成功しました。その結果、六車さんは、民俗学と介護サービスを互いに相対化し、欠陥を補いつつ両者を統合した「介護民俗学」を自己樹立しました（六車由実著『驚きの介護民俗学』医学書院、2012年）。

　このように、民俗学は保守的な視野の狭さとその現地調査の参与的性格の薄さが、一方介護学は独善的な（「傾聴」・「共感」・「受容」等の）形式的な固定観念の押しつけが大きな欠陥でした。どちらも、権威的な立場を採る「規範主義」に宿る当然の弊害と見るべきです。

　このような事情は、六車さん自身が先の自著の中で、立ち入って説得的に論じている通りです。ただし、彼女の「聞き書き」スタイルの変化の私なりの理解では、彼女のフィールドワークが介護施設への就職後に参与性を一気に強め、従来の民俗学的な手法から大きく離陸した結果、香月洋一郎さんのスタイルや人類学者の手法に近づくことになったのでした。

(4) 民俗学と風俗学──静態か動態か

　そもそも民俗学 (folklore) は、「人々」(folk) の「言い伝え」(lore) を意味する名称をもつ学問です。社会学者の上野千鶴子さんは、南伸坊著『笑う街角』（筑摩書房、1993年）の解説文で、暮らしの変わりにくい面が民俗、変わり易い面が風俗で、民俗学と「風俗学」が並立して然るべきだと言いました。そして、後者の精神を体現していた柳田國男の『明治大正世相篇』を後継者たちが誤解し、その志を見逃してきたのだと批判しています。

　同様の見解は、作家・批評家の花田清輝がもっと早く示していました。生活万般を動的な観点から捉えたのが風俗、静的に捉えたのが民俗で、「風俗が変われば、いつの日か、民俗もまた、徐々に変わる」のだから、民俗学よりも風俗学の樹立が一層大切だと言います。そして、「変われば変わるほど、変わらないものをみつけるよりも、一見、

変わらないもののなかに、変わるもののすがたをみつけることのほうが急務」だと主張しました（花田清輝『箱の話』潮出版社、1974年）。私は、深い共感をもって、この建設的な立場を支持します。

　ここで、『驚きの介護民俗学』後の六車さんの変化の、彼女自身も気付いていない側面を指摘してみましょう。それは、彼女の調査の「参与」のあり方が、「参与者としての観察者」（③）から「観察者としての参与者」（②）へと大きく傾斜し、実際上厳密な「記述主義」の質を獲得して行ったことです。六車さんは、「テーマ無き聞き取り」を採用しただけではありません。以前の（彼女の）民俗学調査ではあり得なかった、当の聞き取りの相手（施設利用者）の暮らしの細部にまで介護者として深く関わって、そこから共に考える姿勢を日常のものにしたのです。

　さて、民俗学者の福田アジオさんが、米国の民俗学が「話の伝承」の学であるのに対して日本民俗学は「行為の伝承」を特徴とすると、強調しています。さて、はたしてそのように言えるでしょうか。

　この点で、『驚きの介護民俗学』に誠に印象深い場面があります。老人ホームのゼスチュアゲームで、六車さんから「餅つき」の題を課された老人男性が、「腰を屈めたまま、下のほうで握った両手を細かく動かし始め」ます。杵を握った両手を上下に振り下ろすのが餅つきの「典型的なしぐさ」だと信じて疑わなかった彼女は、もっと大きな身振りをするように促します。老人がそれを無視し、両掌に唾して腕を振りかぶると、「餅つき！」と解答する声が一斉に上がって六車さんを驚かせました。長年体に染みついた動作をリアルに再現する一老人の傍らに、「経験未熟で物事を抽象的にしかとらえられない」（同書）先生がいたのでした。

　この一事が如実に教えてくれるのは、日本民俗学の「行為の伝承」とは、参与観察中の実体験の直接的な伝承ではなく、行為について語られた「話の伝承」だという事実です。この点にこそ、参与観察中の実体験に基づく人類学の生気に満ちた記述との決定的な違いの原因が

あります。ここでもまた、参与観察としてのフィールドワークの生きたあり方の一つの鍵を確認できるでしょう。六車さんは、自らこの鍵を発見し、しっかりと手にしたのです。

Chapter 8 地図を捨てて歩き、迷う

　目の前で変化するありのままの暮らしに素直に寄り添って、最も虚心に変だと感じ、そこに問題を発見し、その事態をなぜかと考えようとする、生きた「風俗学」とも言える動きに、「路上観察学」があります。上野千鶴子さんは、南伸坊さんの悪戯心溢れる実に愉快なルポを纏めた『笑う街角』を、東京大学の社会調査法の授業でテキストとして使ったことがあるそうです。

　強い共感を覚えます。そこで私たちも、「フィールドワーク事始め」のモデルとするのに相応しい参与観察のあり方を、路上観察学の初志を一つの手掛かりとして、ここで検討してみましょう。

(1)「変だ」と思う感覚を研ぎ澄ます

　アバンギャルドの美術家赤瀬川原平でもあった文筆家、尾辻克彦は、或る日東京四谷の或る建物の外壁に唯々片側から昇って別の側へ降りるだけの階段を見つけて、「四谷階段」（四谷怪談の洒落）と命名します。そしてこの偶然事を機に、弟子の南伸坊、建築史家藤森照信等の

親しい仲間たちを誘って「路上観察学会」を結成しました。また、「四谷階段」紛いの諸物件を、その無用なことは芸術と同じでも程度はそれ以上だからと、「超芸術」と名付けたのです。

　こうして、無用に見えるものが現実に存在していることの意味を、日常のありふれた些細な事の中に発見しに出掛ける気軽な楽しさに目覚めました。それは、既存の価値を壊すアバンギャルド（前衛）精神の別の形での実践で、路上観察学会の活動では「心は何時もアバンギャルド」だったとか。要するに、誰もが慣れてしまって既に気付かなくなっている「変なもの」・「変なこと」への違和感を失うことなく逆に研ぎ澄まし、表明するのです。街を歩いていると、思いがけないものが向こうからやって来たのだ、と尾辻さんは語っています。

　すると、路上観察の要諦は、「出会い」、「発見」し、「考える」ために、自分の方から外へ出掛けてゆくという単純明快な意志にこそあると言えます。自分自身の体を動かして現場へ出掛けて「ズボンの尻を汚してみること」が、フィールドワークの「記述主義」を端的に象徴しているのだ。第Ⅰ部《解題篇》でそう強調したことをもう一度想起して、心に銘記して下さい。私たちの「事始め」としてのフィールドワークの位置を、是非ともしっかりとその確信に定位したいものです。

(2)「迷子」になって身につく眼力

　今述べたことは、一見誠に些細なことに思えます。しかし、居すわって何かを探すことと、実際に体を現場に運んで探すこととは裏表の関係にあり、その間には確かに本質的な差が存在します。たとえば、嶋浩一郎著『なぜ本屋に行くとアイデアが生まれるのか』（祥伝社、2013年）の説明が、この違いの由来を簡潔に、且つ説得的に例証してくれます。ネット上の書店を「訪問」すると「欲しいものが見つかる」。これに対して、実際に本屋を訪ねてみれば「何が欲しかったかがわかる」と。すなわち、本屋へはともかくも行けばよいのであって、特段「本屋に行くのに目的はいらない」のです。

Chapter 8　地図を捨てて歩き、迷う

　なるほど、目的があれば、確かに視野が狭くなりがちですからね。香月洋一郎さんが報告した五島の海士の語った鮑漁の経験談が、ここで思い出されて来ませんか。「自分の入ったあと、自分が、まー遍みても絶対おらんです。きれいにおらん。ほかの人が見たらあると思うとですよ。自分の首のひねりかた、見かた、さがしかた、同じやろと思うですね」。そう、一人の人間の限られた視野の狭さの問題ですね。
　私は大学教員としての必要性から何紙も新聞を読むのを日課にしていますが、重要な基礎事実については、一紙読むのとまず変わらないと、徒労感さえ覚えます。新聞のみならずマスメディアが報道しそうもない、別の角度から捉えた何らかの独特の「事実」を手にして突き合わせてみなければ、何紙買ってみても一紙を何部も買うのと実質上何も変わりません。
　インターネット環境での情報収集にも、これとよく似た面があります。それは、人間が人工的に作った情報が縦横無尽に飛び交う、速度に満ちた空間ですが、その反面、そうした情報しか流れていない同義反復的な世界とも言えます。
　また、米国のジャーナリズムは、ほとんど電話取材で済ませます。先に、抽象的な意識と現実の場面での行動が大きく乖離し得ると指摘しました。それを思い出せば、専ら電話取材に頼る米国のジャーナリズムの能率本位の危うさは明らかでしょう。事実、特ダネのスクープが往々スキャンダルを生んでいます。
　同様に、自分の専門外の物の見方に触れる機会が乏しければ乏しいだけ知は狭く限定的で、しかも薄弱なままなのだと気付くべきでしょう。この壁を突き破る最善の方法は、ともかくもまず身をもって現場に赴き、彷徨い、迷い、ぶつかってみることです。そこで、嶋浩一郎の本の広告文は、「『ムダ』と『想定外』の出会いが情報の化学変化を起こす！」、と宣言するのです。
　私は、大学の近くの古本店の店頭に置かれた二百円均一の書棚の前を決して素通りできません。一般書店の書棚よりもっと遙かに大き

な確率で、「想定外」がほぼ必ず待ち伏せているからです。そして、「迷ったら買え」とも嶋は言います。「出会いの種を摘み取らないように！」、と。路上観察学に負けず明快で面白く、誠に実践的な物の見方だと思いませんか。（二百円なんて、安いものです！）

　この原理に依れば、「路上観察学」的思考の実践のためには、地図にない道を探し、遠回りする方が上策です。現に、地図を持たずに方々歩き回るのが私の何よりの楽しみなのです。すると、観察眼が養われ、変な物や変な事への感受性と眼力がぐんぐん増してきました。何よりも、街の部分同士がある時に思いがけず突然結びつく驚きと快感が、中途半端ではありません。

　ケニアで長年継続している私の人類学のフィールドワークでも、或る時以来、同じ理由からランドクルーザーの運転を止め、今は専ら歩いています。すると、土地と土地ばかりか、人々の暮らしの細部と細部までもが次々と連絡し合って、よく腑に落ち始めたのでした。

（3）歩き、そして出会う

　興味深いのは、妙案が舞い降りてくるのは、古来、何処でも大概移動中だとされていること。じっとしていては絶対ダメ。とにかく、体を動かさなければなりません。可笑しいから笑うのか、笑うから可笑しいのか、実はよくわかりません。だから、自転車に乗ると名案が湧く人もいれば、発想が枯渇すると、名案を求めてわざわざ電車に乗りに行く人もいるのです。

　史上最も高名な着想術は、中国は11世紀北宋の政界の大物、且つ文壇の重鎮で、文化の指導者でもあった欧陽修が唱えた「馬上」、つまり乗馬中に良い発想を得ようとするものでしょう。彼は、馬上を枕上（睡眠中；夢の世界への移動中）や厠上（便器の上；晴朗軽快な身体への移動中）と並べて「三上」と呼びましたが、なおも馬上が筆頭です。しかし、庶民にとっての移動のあり方では、歩くこと（地上）が昔も今も現実的であり、最重要であることに変わりありません。

Chapter 8 地図を捨てて歩き、迷う

　歩くことの大切さと豊かさの認識は、実際、今も庶民の皮膚感覚に近いようです。その証拠に、ＴＶ各局が「○○散歩」とか「□□歩く旅」とかの番組を競って作っており、さらにバスだけや、トラックのヒッチハイクだけの長旅番組、「△△触れ合い旅」と銘打つ交流重視の番組等も見受けます。また、アト・ランダムに旅行先を決めたり、庶民の家庭を突然訪ねて取材したり、宿泊させて貰う趣向の押しかけ番組もあって、しかし概して評判は悪くないらしい。庶民の振る舞いには、芸能人にない、予定調和を排除したリアルさが感じられて、それが心地良いのでしょう。

　それらの企画のコンセプトは、その土地の普通の人々が主役だということ。安易な予測を許さない、彼らの言動の思い掛けない面白さを引き出すことこそが、実は脇役であるべき芸能人に託された役割なのです。実際、一般人の外連味のない言動の奇想天外さが、何時も際立ちます。

　さて、それらの番組の支柱となる概念は、知らない人との偶然の「出会い」の妙です。上の各種の企画の共通の勘どころは、スローであること。飛行機や新幹線などの旅にはそのスローさが欠けていて、だから「出会い」らしい「出会い」を期待できません。日本の鉄道が、明治以来、移動の高速化をひたすら急いで来た事実は、思えば皮肉な結果をもたらしたものです。身を以て入り交じることのできる前景が、その高速のゆえに乗客から奪われて了ったのですから。

　皮肉と言えば、東海道線最初の急行列車の乗客の一人が、乗車時間がずっと短くなったのに何故馬鹿高い乗車料金を逆に取るのか、と詰問したそうです。現代性を感じますね。

　さて、歩き遍路は現代の流行になりました。遍路たちの間には、究極の出会いを求めて、時計と名刺を家に残して旅立ちをする人がいます。「素の自分」を取り戻して、一切が平等で対等な、新鮮な出会いを目指すのです。何よりも、ともかく人との「出会い」を求めて。

　繰り返し遍路をするのは、毎回同じ遍路道を辿っても別の出会いが

待つからですが、「逆打ち」といって、第88番札所を出発点とする逆コースは、3倍も利益があるとされます。それは、第1番札所から歩き始めている他の全ての遍路と行き合い、しかもただ擦れ違うだけの、平素とは違う特殊な出会いをし、さらに馴染みの土地とも、新たな視角によって新たな出会い方ができるからだそうです。

(4) 出会うこと、出会おうとすること

　人は人と出会ってしまうのかも知れません。代表作『からゆきさん』で知られる森崎和江は、天草を歩いていて道端で一人の老女と出会ったことから、この作品を書きました。老女は、（三途の川を渡る）子供たちの守り神である石地蔵をただ一人で洗っていて、しかも自分は子供をもっていないと言います。「おなごのしごと」、つまり（身売りされて）南洋方面の「仕事」に出掛けたから、と。この偶然の出会いは、極く軽く売り買いされた天草の貧しい村の娘たちの生涯と、その姿から透けてくる明治以来の国家の酷薄さを描くに十分なだけの衝撃を、きっと森崎に与えたでしょう。ただし、それを活かせるのは特別の感性と文才に恵まれた者の、特別の場合です。

　私など普通の才能の者は、求めて出会おうとすることで、「出会い」を確かなものにしなければなりません。その方法がまさしくフィールドワークであると信じて、それを本書でここまで詳解してきました。

　京都文教大学で文化人類学を専攻し、奈良女子大学大学院に進んで建築学を学んだ、当時20歳代後半の鈴木遙さんが2011年に『ミドリさんとカラクリ屋敷』（集英社）という本を出版して注目されました。生まれ育った湘南海岸の或る住宅地に、コンクリート製の電柱が突き出た奇妙な家がありました。自転車で通り掛かる度に気掛かりでならなかった彼女は、大学進学のために郷里を離れる前に、勇を鼓して訪問してみます。当時85歳の家主ミドリさんはやんちゃで、語ってくれる人生航路も不思議で魅力的でした。鈴木さんは、聞き書きに止めず、ミドリさんがその変な家を建てることになる詳しい経緯を、（ミドリ

さんの許可を得て）出身地北海道を訪れて知ろうと努めます。こうして、ミドリさんとその不思議な家の奥行きの深いモノグラフが生まれました。

なかなか素晴らしい本ですが、「出会おうとする」少しばかりの勇気があって、フィールドワークの勘所をちゃんと知っていれば、あなたにも恐らくこのような本が書けるのではないでしょうか。

Chapter 9 歩いてするミニ・フィールドワークの勧め

　私はもう65歳を過ぎ、前期老齢者になりました。でも、自宅から大学迄の直線距離で数キロメートルの道をほぼ毎日、出来るだけ頻繁に道筋を変え、可能なだけ迂回しながら早足で歩いています。季節の刻々の相貌の変化と経路の変異とが掛け合わさった、その時々の風情が楽しい散歩なのですが、同時に、携えた野帳の記載がどんどん増える、ミニ・フィールドワークでもあります。そこで、その野帳から、ごく最近の小さな断片的な発見を二、三紹介することによって読者にささやかな手本を示して、この小さな入門書を締め括りましょう。

（1）ランド・エティックス

　私の散歩の経路は、幾つもの丘と谷戸の昇り降りを繰り返してジグザグに続きます。丘の上は今では大概切り開かれて農地になっていて、

第Ⅱ部　実践篇

写真3　尾根道から一本の櫟の木を見下ろす

写真4　尾根の下側から〔写真3〕の櫟を見る

畑や道の縁辺部にだけ樹木が少々残っています。そして、まだランド・エティックスもそれなりに維持されているのに気付いて、嬉しくなるのです。その一例は、櫟(くぬぎ)の木が僅かながらも意図的に残されていること。真夏の夜遅く、子供たちが三々五々手網(たも)を携えて、カブトやクワガタを獲りにその木へと集まって来るのに出会います。

　その櫟の木の近くにある別の若い櫟の木の一本は、尾根の上側から見ると、ごく普通の樹形をしています〔写真3〕。ところが、尾根を麓側へと回り込んで下側から見ると、大きな切り株から生えてきた3本の細い芽が成長して今の樹形になったことが分かるのです〔写真4〕。椎(しい)や楢(なら)などもこのように切り残された株の基部から自生的に再生させて、環境を維持してきたランド・エティックスの名残だと思えます。

(2) 鳥居の雛形の新機能

　〔写真5〕は、高速道路沿いの坂道の路肩部分の緑地で見つ

けた、4つの小さな赤い鳥居の雛形です。近所の人によると、以前酷かったゴミの不法投棄を防ごうとして、町内の工務店の方が自作された物だそうです。

渡邉三四一さんの論考「商品化された呪具」(『明具マンスリー』第37巻第3号、2004年)によれば、神社に小さな鳥居の雛形を報謝や祈願のために奉納する習慣は以前からありました。何時頃からか、それが小便避(よ)けの呪具として家屋の壁や塀に取り付けられるという変化が見られるようになっていました。

写真5 ゴミの不法投棄避けの木製の小鳥居群

(直に描かれる場合もあります)。

　ところが、さらに新しい状況が生まれました。2001年に「家電リサイクル法」が施行されて家電製品の廃棄処分が有料化されると、個人によるそれらの品の不法投棄が横行するようになります。そこで、或るベンチャー企業が「ごみよけトリー」という小型鳥居風の、檜(ひのき)間伐材の製品を開発したのでした。

　ただし、神社本庁とも相談の上、通常の鳥居とは逆に笠木(最上部の横木)を貫(ぬき)(その下に来る横木)よりも短くして鳥居と差別化しました。渡邉さんは、各地の国土交通省の河川工事事務所がそれに高い評価を与えて発注していることを紹介し、呪具としての鳥居の雛形に(従来の小便避けとは異なる)新たな機能が付け加わったことに注目しています。

　もう一つ注意してよい事柄があります。鳥居の雛形の用い方は、神社に奉納されているものを暫く借りて来て(病気平癒等の)祈願に用

い、願いが成就されれば報謝のために倍の数返納するのが習いだった疣取りの祈願・報謝のために奉納された丸い川原の小石とほぼ同じようです。これを基にすると、ゴミ投棄避けの鳥居の雛形について面白い考察ができそうです。是非とも自分自身の仕方で試してみて下さい。

(3) オオカミの護符の新しい使い道

　2015年12月のこと、ブロッコリー畑の道路側の縁に、東京都青梅市の御嶽山が配付する「オオカミ（オイヌ様）の護符」が立っているのを見つけて驚きました。この御札〔写真6〕は、普通、盗難避けや火難避けのために家の蔵の扉に張られるものだからです。その畑で働いていた農家の方に伺うと、タヌキやハクビシン等の動物による食害避けではなく、盗難避けのために立てたもので、お婆さんの機転だそうです。家財の盗難避けの効果を拡大解釈して野菜に応用するという、柔軟な考え方に感心しました。その後、ブロッコリーの盗難が全く無くなったそうです。

　近辺には今でも御嶽講が続いている地区があるので、この変化が今後定着するか、或いはもっと発展するか、それともこれっきりになるかは、追跡調査もできる面白いテーマです。

　このように止むに止まれぬ強い必要に迫られて捻り出された表現のあり方には、何か切実で根源的な力を感じさせる例が少なくありません。

　一方、鳥居の雛形やオオカミの護符の場合とは違って、社会的マナーの緩みへの対策が効果

写真6　ブロッコリー畑に立つオオカミの護符

的に行われていない例があります。例えば、一つは道端の犬の糞の後始末をしない飼い主〔写真7〕、もう一つはバス停で煙草を吸い散らす人〔写真8〕への対策の場合です。この場合、鳥居の雛形やオオカミの護符のように、何か超越的な切迫した力を感じさせて効果を上げることが上手くできていません。では、一体どんな

写真7　犬の糞の後始末をしない飼主への警告

写真8　バス停で煙草を吸い散らす者への警告

象徴を用いるべきなのでしょうか。例えば、「何時もきれいに使って下さって、有難うございます」という、トイレ貼り紙式の柔らかい、婉曲な呼びかけは、この場合も有効でしょうか。ここにもまた面白い考察の余地があります。

(4) 牛頭観世音とはどんな仏様か

〔写真9〕は、最近私が出会って最も嬉しかった小さな石碑です。姿は素朴で、達筆ではないものの端正な文字で、律儀に牛頭観世音と

写真9 「牛頭観世音」

彫ってあります。制作を依頼した農家の人々が死んだ牛に寄せていた篤い感謝の念が、ひしひしと迫ってくる思いがしました。

しかし、奇妙な刻銘ではあります。牛頭とは、馬頭と並んで地獄の獄卒として知られる牛頭人身の怪物です。それが観世音菩薩として崇められるはずはありませんよね。

では、なぜ「牛頭観世音」なのでしょうか。恐らく、馬頭観世音（菩薩）と類推されたのでしょう。牛や馬は、長く農耕のために欠かせない大切な家畜でした。不思議なのは、死んだ馬が馬頭観（世）音として祀られるのに対して、馬に負けない重要な役獣である牛が仏として祀られることがない点です。この石碑を建てた農家にも、同じ不審ないしは困惑があったのでしょう。そこで、馬頭観世音という発想に倣って牛頭観世音として祀ることで愛した牛への感謝の念を表し、その大きな功績を記念してやりたいと強く願ったのではないでしょうか。

この小さな石碑が建てられた昭和二十年（1945）は、我が国の第2次世界大戦での敗戦が決まった年ですね。戦後間もない頃までは、牛馬は農耕上、無くてはならない「戦力」でした。しかし、昭和三十年代後半からの高度経済成長の時代に差しかかると、耕運機などの農業機械にすっかり取って代わられてしまい、急速に姿を消して行きました。

この意味でも、ここに紹介した「牛頭観世音」の小さな石碑は、我が国現代農業史の貴重な「一里塚」になっているとも言えるでしょう。

無論、牛頭観世音（の石碑）が他にあるとは全く聞き及びません。文字（＝歴史）記録に残らない庶民たちの「もう一つの歴史学」こそが民俗学だと柳田國男は強調しました。しかし、その民俗学でも、「牛頭観世音」は正統な民俗を外れた全くの例外の扱いでしょう。
　ところが、「記述主義」のフィールドワークの立場からは、民俗学からさえも疎外され得る細民の、誠に興味深い個人的な自己表現として、この事例はとても重要です。こうした目の覚めるような思いがけない出会いこそが、まさにフィールドワークの醍醐味そのものなのです。

おわりに

　英文学者の外山慈比古さんは、自分の長い教育歴を踏まえ、勉強家の論文が大概は存外詰まらないのに対して、知識は乏しくとも独自性を感じさせる、そんな論文にも出会ったと語っています。後者のタイプの論考に出会うのは、教師にとってはこれ以上ない喜びです。

　そんな論文が書けるための単純明快な意志的な条件の一つを、皆さんはもう既にご存じですね。その通り、（地図を捨てて）フィールドへと思い切って一歩足を踏み出してみること。そして、思い切り、存分に迷ってみましょう。そうすれば、きっと何か心に響くものに必ず出会えます。さあ、あなたのズボンの尻をしっかりと汚してみましょう。

著者紹介
小馬 徹（こんま とおる）

1948年、富山県高岡市に生まれる。一橋大学大学院社会学研究科博士課程修了。博士（社会人類学）。大分大学助教授、神奈川大学外国語学部教授を経て、現在同人間科学部教授。文化人類学・社会人類学専攻。1979年以来、ケニアでキプシギス人を中心にカレンジン語系の人々の間で長期参与観察調査を37度実施、現在も継続中。

人類学の著作に『ユーミンとマクベス』（世織書房、1996年）、『コミュニケーションとしての身体』（共著、大修館書店、1996年）、『紛争と運動』（共著、岩波書店、1997年）、『国家とエスニシティ』（共著、勁草書房、1997年）、『贈り物と交換の文化人類学』（共著、御茶の水書房、2000年）、*Conflict, Age & Power*, Oxford: James Currey, *et. al.*（共著、1998年）、『開発の文化人類学』（共著、古今書院、2000年）、『現代アフリカの民族関係』（共著、明石書店、2001年）、『近親性交とそのタブー』（共著、藤原書店、2001年）、『カネと人生』（編著、雄山閣、2002年）、『新しい文化のかたち』（共著、御茶の水書房、2005年）、『放屁という覚醒』（筆名O・呂陵で、世織書房、2007年）、『世界の中のアフリカへ行こう』（共著、岩波書店、2009年）、『海と非農業民』（共著、岩波書店、2009年）、『読解レヴィ＝ストロース』（共著、青弓社、2011年）、『グローバル化の中の日本文化』（共著、御茶の水書房、2012年）、『植民地近代性の国際比較』（共著、御茶の水書房、2013年）、『境界を生きるシングルたち』（共著、人文書院、2014年）、『文化を折り返す―普段着でする人類学』（青娥書房、2016年）など多数。

他に、『川の記憶』［田主丸町誌第1巻］（共著、第51回毎日出版文化賞受賞、第56回西日本文化賞受賞、1996年）、『河童』（共著、河出書房新社、2000年）、『系図が語る世界史』（共著、青木書店、2002年）、『宗教と権威』（共著、岩波書店、2002年）、『ポストコロニアルと非西欧世界』（共著、御茶の水書房、2002年）、『日向写真帖　家族の数だけ歴史がある』〔日向市史別編〕（共著、第13回宮崎日々新聞出版文化賞受賞、2002年）、『ライオンの咆哮のとどろく夜の炉辺で』（訳書、青娥書房、2010年）、『河童とはなにか』（共著、岩田書店、2014年）を初め他分野の著作も多数ある。

神奈川大学入門テキストシリーズ

フィールドワーク事始め（ことはじめ）
――出会い、発見し、考える経験への誘い（であ、はっけん、かんが、けいけん、いざな）

発行日　2016年3月30日　第1版第1刷発行
編　者――学校法人神奈川大学
著　者――小馬　徹
発行者――橋本盛作
発行所――株式会社御茶の水書房
　　〒113-0033　東京都文京区本郷5-30-20　電話 03-5684-0751
印刷・製本――シナノ印刷株式会社

Printed in Japan
ISBN978-4-275-02036-9 C1039

大学の専門課程にスムーズに入ることができるように、神奈川大学の教授たちが知の水先案内をします。
名付けて「神奈川大学入門テキストシリーズ」。分かりやすいけど、奥は深い。

神奈川大学入門テキストシリーズ

編集＝神奈川大学

田中　弘著
会社を読む
―会計数値が語る会社の実像―
A5判／70頁／900円／2002年

⑰会社の七不思議　①会社は収益性の高い事業をしているか　②会社は成長しているか　③会社への投資は安全か　④会社は社会に貢献しているか　⑤企業集団はどのように分析するか。

川田　昇著
民法序説
A5判／60頁／900円／2002年

①法律学とのつきあい方　②はじめに認識しておいて欲しいこと　③法学部教育の目標　④紛争解決案を導く手順　⑤民法の勉強の進め方　⑥民法の規律の仕方。

村上　順著
自治体法学
A5判／58頁／900円／2002年

自分たちが住む自治体は、自分たちでよくしていく努力が必要です。監視と参加の住民自治は地方分権推進法が制定され大きな流れとなっています。高校生にもわかる自治体法学書。

中田信哉著
三つの流通革命
A5判／64頁／900円／2002年

「革新型小売業」と呼ばれる新しいタイプの小売店が戦後わが国の「流通機構」と呼ばれる社会システムをどう変えてきたのか、三つの段階に分けて日本の流通改革を考える。

中野宏一・三村眞人著
わかりやすい貿易実務
A5判／84頁／900円／2002年

第1篇貿易マーケティング　①商品の製造・発掘　②商品の販売ルート　③商品のコストと価格　④商品のプロモーション／第2篇貿易取引の仕組みと手続き　①輸出取引　②輸入取引

齊藤　実著
宅配便の秘密
A5判／64頁／900円／2002年

なぜ、深刻な不況にもかかわらず成長を続けることができるのか。成長のエネルギーは何か。宅配便のしたたかな経営戦略を探る。

後藤　晃著
グローバル化と世界
―ワールドカップを通して見た世界―
A5判／64頁／900円／2002年

2002年ワールドカップが日本と韓国で開催された。これらの参加国を通して、グローバル化とはどう言う事なのか。人口・食糧問題と貧困はどう関係するのかなどわかりやすく解説。

橋本　侃・伊藤克敏著
英文学と英語学の世界
A5判／68頁／900円／2003年

「こういう人が英文学に向いている」「英文学の大きな流れ」「英国の歴史と英語の成り立ち」「米国の歴史とアメリカ英語の成立と特徴」「黒人英語の起源」等、英文学科への誘い。

御茶の水書房刊（価格は税抜き）

桜井邦朋著 **気候温暖化の原因は何か** ——太陽コロナに包まれた地球—— A5判／64頁／900円／2003年	気候温暖化の原因について、太陽活動の長期変動との関わりの面から、どのような可能性があるかを、宇宙空間の中の地球という視点から、研究の現状をやさしく解説する入門テキスト。
秋山憲治著 **経済のグローバル化と日本** A5判／56頁／900円／2003年	グローバリゼーションとは何か、どう捉えるのか‼ 1990年代に入って急速に進展した経済のグローバル化を検討し、日本経済にどのような影響、変化をもたらしたのかを考える入門書。
鈴木芳徳著 **金融・証券ビッグバン** ——金融・証券改革のゆくえ—— A5判／58頁／900円／2004年	市場の時代の到来は銀行・証券・保険など業界の境界線を見えにくくしている。その中で「自己責任」が強く主張されているが、市場の時代における自由とルールの関係を考える入門書。
的場昭弘著 **近代と反近代との相克** ——社会思想史入門—— A5判／58頁／900円／2006年	世界がアメリカ的な消費生活を模範とすれば、地球上の資源は枯渇し、さまざまな自然災害を引き起こす。利己心による物的生活の上昇ではない、ポスト現代の社会の生き方を考える。
柳田 仁著 **パン屋さんから学ぶ会計** ——簿記・原価計算から会計ビッグバンまで—— A5判／64頁／900円／2006年	あるパン屋さんで生じた具体的な日常の事象を物語風にし、その開業から営業活動・決算等を通じて会計の基本メニューを勉強する。更に、最近の会計大変革についてもやさしく解説する。
山口建治・彭 国躍・松村文芳・加藤宏紀著 **中国語を学ぶ魅力** A5判／66頁／900円／2008年	1 今、何故中国語なのか？ 山口建治／2 中国語と中国人の言語行動について 彭 国躍／3 現代中国語の魅力にせまる 松村文芳／4 中国語を上手に使いこなすために 加藤宏紀。
松本正勝・杉谷嘉則・西本右子・加部義夫・大石不二夫著 **化学の魅力** ——大学で何を学ぶか A5判／88頁／900円／2010年	神奈川大学理学部化学科は創設20周年を迎える。そこで新入生を対象としたテキストを企画した。その目的は化学の魅力を広く伝え化学の広範な広がりを知ってもらおうとするものである。
山火正則著 **刑法を学ぼうとしている人々へ** A5判／62頁／900円／2010年	刑罰とは何か—何ゆえに人を処罰することができるのかなどという原理的な問題にも思いをめぐらすことが、大学で学ぶ解釈論に確かな方向性を与え、その学びをより豊かなものにする。
木原伸浩・天野力・川本達也・平田善則・森 和亮著 **化学の魅力 Ⅱ** ——大学で何を学ぶか A5判／84頁／900円／2010年	化学の広がりの大きさ、多様性に気付いてもらうための啓蒙書であり、化学の研究現場の雰囲気、新しい化学のフレイバーを嗅ぎ取ってもらえる指針としてじっくりと読み進めてほしい。
鈴木陽一・孫安石・蘇智良・陳天璽著 **中国学の魅力** A5判／66頁／900円／2010年	1 横浜と上海の光と影 鈴木陽一／2 中国—世論を数値化できる社会へ 孫安石／3 アジアの近代化が始まった港町 蘇智良／4 開港150年と中華街のあゆみからみた日本 陳天璽

御茶の水書房刊（価格は税抜き）

村井寛志・張翔・大里浩秋・小林一美著 中　国　と　日　本 ――未来と歴史の対話への招待―― A5判／64頁／900円／2011年	1　中国の「格差」を多面的に考える　村井寛志／2 近代中国と横浜の開港　張翔／3 戦争終結直後の中国人は日本をどう見たか　大里浩秋／4 歴史学を学ぶ意味について　小林一美
中島三千男著 若者は無限の可能性を持つ ――学長から学生へのメッセージ　2007-2012年度 A5判／84頁／900円／2014年	この式辞は、本学を卒業した学生たちばかりではなく、日本社会とその未来をになう若者と、アジアからの留学生、さらには戦争の記憶の刻まれたアジアの諸国民への友好のメッセージ。
小森田秋夫編 君たちに伝えたい神奈川の裁判 A5判／72頁／900円／2015年	神奈川では全国的に著名な裁判がいくつも行われてきました。その中から法学を学ぶ皆さんにぜひ知っておいてほしい8つの事件を選び、事件の背景、裁判の経過と結果、意義を解説。

御茶の水書房刊（価格は税抜き）